꽃 피니
인간은 누구나 행복을 원한다
열매 맺네

꽃피니 열매 맺네

인간은 누구나 행복을 원한다

✳ 석암 지음

잇담 Books

서 문

인간은 누구나 행복을 원한다.

그 사람이 사회적으로 성공하거나 실패한 자이거나 걸인이거나 모두가 행복을 원하고, 그 사람의 인생과 생각도 마땅히 존중되어야 한다.

도심에서 포교당을 개원하고 얼마 안 돼서 할머니 한 분이 찾아오셨다. 인상을 한껏 찌푸리면서 몸이 안 좋으니 약값을 달라는 것이었다. 그래서 만 원을 쥐어 줬다. 기분이 좋아서 내려가셨다.

그 후 2주일쯤 지나고 찾아와서는 또 돈을 달라는 것이었다. 이번에는 오천 원을 줬다. 또 찾아와서 달란다.

"아니 이 작은 절에 자꾸 오면 안 되잖아요.

바로 앞에 있는 큰 교회나 큰 질로 가시는 것이 낫지 않나요."

할머니 하시는 말씀이 큰 교회에서는 거들떠보지 않는다는 것이다.

절에 와서 스님을 보는 것이 마음 편하고, 나를 생각해 주는 것은 스님밖에 없다는 것이다. 요즘은 가끔가다 오신다. 오랫동안 안 보면 섭섭하고 무슨 일이 생겼나 하고 걱정이 된다.

절에 들어서면 "스님~" 하고 부른다. 그러면 나는 얼른 부처님께 절하세요.

그 할머니는 항상 관세음보살님께만 절을 한다.

먹을 것 챙겨드리고 여비 조금 드리면서 항상 관세음보살을 부르라고 하면 좋아하신다.

이제 할머니와 나 사이에는 벽이 사라졌다. 나는 할머니의 삶을 존중하였고, 할머니는 나를 고마워한다. 할머니와 나 사이를 작은 보시와 관세음보살 염불이 연결시켜 준 것이다.

행복은 멀리 있지 않다. 생활 속에서 찾을 수 있고, 의외로 우리 주위에서 쉽게 찾을 수 있다. 내 안에서, 마음에서 찾아야 참된 행복이 될 것이다.

역사적으로 위대한 사람들의 공통점은 하나의 신념을

위해 평생을 끊임없이 노력하며 살았다는 것이다. 꿈을 이룰 때까지는 어떤 위기상황이 닥치더라도 포기하지 않고, 실천하는 인내력을 가졌던 것이다.

그들은 자신의 성공을 사회에 공헌했고 세상을 아름답게 변화시켰다.

포교당을 개원하면서 느낀 점은 자신의 재능을 쉼 없이 계발해야 하고 또한 끝없는 인내력과 자비심을 가져야 한다는 것이다. 그렇게 하기 위해선 항상 공부와 수행을 등한시하면 안 된다는 것이다.

씨 뿌리고 싹이 트면 거름을 주고, 김을 매어서 농사를 잘 지어 좋은 열매를 맺어 그 열매를 이 세상에 나눠주고 싶은 것이 나의 소망이다.

이 『꽃피니 열매 맺네』는 처음 출가해서 제방에서 기도하고 참선하면서 체험했던 일, 전국으로 다니면서 느꼈던 것, 또 공부하고 법문한 것을 적은 것이다. 어설픈 중이 불교를 망친다고 했던가?

책을 쓰는 것이 쉬운 일이 아니고, 열심히 수행 정진하시는 어른 스님들과 대덕스님들께 누가 되지 않을까 걱정이다. 처음엔 부끄럽고 고민하다가 큰 용기를 내었다.

불교가 발전하고 개인이 성공하려면 우선 공부해야 한다. 그것도 창조를 위한 공부를 해야 한다. 이 시대는 끊임없이 변해 간다. 세계의 흐름을 읽어야 한다. 새로운 것을 만들어 내야 불교는 다시 우뚝 설 것이다. 그 방법을 관음염불과 보살정신에서 찾을 수 있을 것이다.

이 책은 진정한 행복이 무엇이고, 행복으로 가는 길과 방법은 무엇인지를 열어 보이고 제시할 것이다. 그러나 가고 안 가는 것은 나의 몫이 아니다.

나는 이 관음염불 수행으로 행복을 느꼈고, 왜 살아야 하며, 무엇을 위해 살지 해답을 얻었다. 그리고 삶에 지쳐 있고, 종교 안에서 방황하는 분과 아직 자신의 수행을 정하지 않은 많은 분들께 이 책을 선사하고 싶다.

사람들은 대개 자신의 꿈과 의지가 있을 때 무엇인가를 해 보려고 한다. 나는 어렸을 적 철없이 뛰어놀 때 이웃집

아주머니의 강압적인 태도에 공부의 흥미를 잃었었다. 그러나 지금은 한 신앙인으로서 공부에 매진하고픈 마음이 간절하다. 또 나에게는 관세음보살님처럼 대 원력과 희망을 가지고 있다. 어려움을 헤쳐 나갈 힘도 길렀다. 그것도 역시 관음염불과 보살의 마음을 가졌기 때문에 얻어진 것이다.

나는 지금 진화하고 변화하는 과정에 서 있다. 불교를 지켜보는 입장에서 주도적으로 이끌어 갈 상황에 처해 있는 것이다. 관음염불과 함께 글을 쓰는 것도 나를 한 단계 업그레이드시켜 줬다.

책이 나올 때면 나는 어떤 모습이 되어 있을까?

중생의 근기에 따라 나투시는 32응신의 관음보살이 되어 온 누리에 지혜와 자비를 펼치기를 기원해 본다.

2010년 3월 12일
관음선원 원장실에서
석암 해광

차 례

제1장 기도

제2장 나무관세음보살

제3장 행복으로 가는 길

제4장 관음염불선

제1장

기 도

완벽과 완성

현대사회는 완벽한 삶을 권하는 사회다.

외모지상주의가 요즘 사람들을 완벽에 가까울 정도로 성형미인을 독촉하고 있고, 완벽한 조각몸매를 가꾸는 것은 젊은이의 선택이 아닌 필수가 됐다.

완벽은 완전할 완(完) 자 둥근 옥 벽(璧) 자인데, 흠이 없는 구슬이라는 뜻에서 결점 없이 완전하다는 뜻이다. 깨끗하고 티끌 하나 묻지 않으려 하고, 나와 남의 작은 실수도 용납하지 않는 사람, 자신의 잘못을 인정하지 않는 사람, 우리들은 이들을 완벽주의자라 한다.

반면 완성은 완전할 완(完) 자 이룰 성(成) 자로 완전하게 이룬다는 말이다. 언뜻 보면 비슷하지만 내용은 다르다.

모든 일을 완벽하게 해내려고 하는 마음은 남을 배려할 줄 모르고, 자신의 틀 속에 갇혀 있다.

완벽주의자에게는 인간의 참향기가 흘러나오지 않는다. 순수한 물만 있는 곳에는 물고기가 살지 않듯이 완벽한 사람의 주위에는 진실한 사람이 모이지 않는다.

역사적으로 히틀러가 그러한 부류에 든다.

그러나 완성은 보살이 부처를 이루는 것처럼, 지혜와 자비를 완전하게 이루려는 과정이다. 거기에는 안정과 평화 모두를 사랑하겠다는 박애정신(博愛精神)이 있는 것이다.

불교는 완벽이 아니라 완성이다.

보살은 완성으로 가려는 아름답고 멋있는 인격상이다.

사회생활을 하는 한 젊은이가 있었다. 모든 일에 완벽하려고 하는 고지식한 청년이었다. 성공해서 부모님 잘 모시고, 친구들을 좋아하는 착하고 순진한 그러나 대의를 따르려고 하는 청년이었다. 그러나 사회생활에서 오는 가치관의 혼란과 어디에 기댈 수 없는 마음은 조금씩 무너져 내려갔다.

문득 불교에 심취한 청년은 어느 날 출가해서 관세음보살의 마음을 훔친 것이다.

출 가

승가(僧伽)는 범어 Saṃgha의 음역어인데, 중(衆), 화합중(和合衆)으로 해석한다. 한마디로 수행하는 스님들의 집단이다.

승가에는 많은 계(戒)와 율(律)이 있는데 계는 스님이 지켜야 할 도덕이고, 율은 스님들의 생활 규칙이다.

거기에는 몇 가지 불문율이 있다. 출가 전에 있던 일은 묻지 않는다 해서 스님들도 그 일에 대해선 잘 묻지 않는다. 간혹 신도분들이 출가에 대해 꼬치꼬치 캐묻는 것은 실례이다.

스님들은 사주팔자가 잘 맞지 않는다는 말이 있다. 항

상 마음과 행동을 정화하고 수행하니 타고난 사주팔자가 발붙일 틈이 없는 것이다.

선방에서 소임을 보고 있을 때였다. 그곳 선원장 스님이 왜 출가했냐고 뜬금없이 물어서 은사스님이 하신 말씀이 생각나서 "능력이 없어 출가했습니다." 하였더니 그러면 신도들이 안 좋아한다는 것이다. 기쁨과 슬픔이 교차하는 나의 출가를 한 번 되새겨 보았다.

아주 어렸을 적 초등학교도 들어가기 전 나는 문득 절이라는 곳을 가고 싶었다. 그때에는 내가 절이라는 곳을 어떻게 알았는지 …….

동네 어른들께 물어보니 이 근처에는 절이 없다는 것이었다. 그 후 절을 까맣게 잊고 살았다.

그러던 중 서울의 회사생활이 나를 불교에 심취하게 만들었다. 회사는 조계사 근처에 있었는데, 나는 조계사에 항상 다니고 싶었지만 왕복 5시간 반의 출퇴근 거리가 여유를 주지 않았다.

그것을 메우기 위해 여러 가지 불교서적을 읽고 느끼며 불교의 지식을 키워 나갔다. 그리고 돈키호테처럼 나도 부처님이 되어 보자 하는 원력도 세웠다.

회사생활의 스트레스와 너무 긴 출퇴근 시간이 인생에 대한 물음을 던졌고, 도시생활의 부정적인 측면인 기회

주의와 성공주의의 인간들이 타인의 인격을 짓밟는 것을 보면서 삶의 회의를 느꼈다.

출퇴근 시간에 기차를 타고 밖을 내다보면 부처님 모습이 보였고, 내 머릿속에는 불교와 출가가 반복되어 떠올랐다. 한 집안에 스님 한 분 잘 나오면 구족이 생천한다고 하는데……. 그러나 장애가 있었으니 그것은 부모님이었다.

한 집안의 장남으로서 부모님을 모시지 않고 출가를 한다는 건 무척 힘든 일이었다.

이런 일로 친구와 회사사람들과의 술자리를 자주 했고, 술 마실 때는 과감히 그래 출가하자……. 막상 아침이 되면 말을 못 하는 용기 없는 사람이었다. 그런 일이 반복되자 나의 생활은 황폐해졌고, 회사에도 사표를 쓰면서 자숙의 시간을 가졌다.

결국 출가를 결심하게 되었고, 부모님 몰래 이른 아침에 소요산에 있는 암자의 주지스님을 찾아뵙고 출가 의사를 밝혔다.

스님은 추천서와 차비를 주면서 경상도에 있는 은해사로 보냈다. 그날 기차와 버스를 타고 대구 동부터미널에 도착하니 절로 가는 막차가 끊겼다. 터미널 앞 여인숙에서 하룻밤을 묵었는데, 그 기분은 뭐라 할까 세상에 혼자 남아서 갑옷을 입고 백만 대군과 싸우는 병사 같았다.

아침에 은해사에 도착해서 한 스님에게 "출가하러 왔습니다." 하고 인사를 하니, 그 스님은 나를 보고 빙긋이 웃으셨다. 혹시 저분이 도인이 아닐까 하는 생각을 하면서 어느 스님 방에 들어갔는데 어설픈 절로 인사하고 추천서를 건넸다.

그 스님은 몇 가지 주의점을 말씀하시고 행자 방으로 안내했다. 며칠이 지나자 삭발식을 거쳐 나의 행자생활은 시작됐다.

보 리 암

도량이란 부처님이 모셔진 곳, 부처님의 성스러운 가르침을 닦는 곳이다. 또는 도를 닦아 법을 펼치는 전법의 장소이다.

그 특성상 관세음보살을 모신 곳을 관음도량, 지장보살을 모시면 지장도량, 아미타불을 모시면 미타도량이다. 또 경전의 가르침에 따라 도량을 건립하는데, 화엄경을 따르면 화엄도량, 법화경을 따르면 법화도량이 된다. 우리기 흔히 일고 있는 절이다.

우리나라 삼대 관음도량 하면 동해 홍련암, 남해 보리암, 서해의 보문사가 있다. 그중에 남해 보리암은 필자와 인연이 각별하다.

출가해서 처음 기도한 절이 보리암이고 그리고 열심히 정진해서 힘을 얻은 곳, 그러나 희로애락이 교차하는 곳이다.

영화 슈퍼맨에서 슈퍼맨이 자신의 친아버지가 남겨 둔 크리스털 비밀기지에 들어가 우주의 비밀과 힘을 가진 거와 같이 보리암은 나에게 소중한 존재라면 다들 비웃을까?

지금도 보리암은 수많은 기도객이 끊임없이 찾아와서 관세음보살님의 가피를 바라고 있다. 한때는 보리암에서 기도가피를 받은 분들의 사연을 한 번 책으로 써 보면 좋겠다는 생각도 했었지만 이렇게 나를 주인공 삼아 글을 쓸 줄은 몰랐다.

스님들은 행자생활을 힘들고 어렵게 치른다. 그 밑거름의 바탕 위에야 스님 노릇을 잘할 수 있다고 예부터 전해 내려온다.

어느 스님은 환속하려고 하였으나 행자생활의 고생을 생각하니 나갈 수가 없었다는 웃지 못 할 이야기도 있다.

행자 때 솥을 아홉 번 고쳐 걸었다는 구정선사의 이야기가 행자생활이 녹록하지 않음을 보여 준다.

본인도 행자생활을 쉽게 하지 않았다. 큰절의 행자가

나 혼자였고, 얼마 지나지 않아 주지스님이 새로 발령을
받아 오셔서 나는 시자실로 투입되었다.

난생 처음 해 본 절집생활과 스님의 시봉은 쉬운 일이
아니었다.

주지스님은 밖에서 밤늦게까지 일을 보시고 들어오셨
는데 기다릴라치면 항상 졸았다. 한 번은 밤중에 주지실
에서 졸다가 스님이 들어오셨는데, 나를 보고는 졸려면
뭐 하러 기다리느냐고 꾸중을 하셨다. 그 주지스님이 나
의 은사스님이 되었다.

갓 입산한 행자들은 자기주장을 펼칠 때가 많다. 아직
까지 속물이 빠지지 않은 사람이기에 사소한 것에도 다
툴 때가 많다. 그래서 엄격한 규율이 적용되는 것이다.

지금은 어디 가 있는지 모를 정 행자님, 동진 출가해
서 미국에서 포교를 하시는 신 행자님, 늦은 나이에 강
원을 나오시고 지금은 선방에서 수행 정진하는 이 행자
님 그리고 나 김 행자 이렇게 넷이서 한방에서 알콩달콩
토닥거리면서 때로는 자신의 미래에 대해 진지하게 이야
기하곤 했다.

문제가 생긴 것은 계를 받고서였다. 계를 받은 도반스
님들은 강원을 가거나 선원을 간다고 들떠 있는데 은사
스님은 여기에 대해선 아무런 말씀이 없었고, 대중스님

들이 돌아가면서 할 일을 나한테만 전부 미루었고, 엎친
데 덮친 격으로 백일기도를 하는 문중스님이 도와 달라
면서 나와 방을 같이 쓰고 싶다니…….

도반스님들은 공부하러 떠나고 나도 공부해야 하는데
그전에는 보지 못한 허물도 보이고 절에서 스님들은 모
두 수행 정진할 줄 알았는데, 꿈이 크면 실망도 크다고
했던가? 얼른 도 깨쳐 중생제도 해야 하는데…….

내가 알았던 그런 절이 아니었다. 여기도 사람 사는
곳이었고 자신의 때를 벗기려고 안간힘을 쓰는 사람들이
었다. 한마디로 신심이 떨어졌고, 하는 일은 점점 힘들고
지쳐 갔다.

생각나는 것이 기도였고, 기도하는 것이 나를 살리는
길이라고 생각하였다.

은사스님께서는 시봉을 들면서 기도해라 하시니 기도
에 올인하고픈 초심자의 마음을 모르는 것 같아 서운했
다. 그래서 난 큰일을 치러야만 했다.

새벽에 몰래 바랑을 싸서 부처님과 은사스님께 삼배를
올리면서 "큰 깨달음을 얻고 돌아오겠습니다. 큰 깨달음
얻고 돌아오겠습니다." 하고 재차 다짐하면서 은해사를
빠져나갔다.

지금 살아 계실지 모르는 공양주 보살님이 차비를 쥐

어 주시는데, 코끝이 시큰거렸다.

　새벽공기를 마시며 기도처로 생각해 둔 남해 보리암으로 힘찬 발길을 옮겼다.

　금산에 이르니 보리암은 가히 절경이었다. 이름 모를 수많은 기암괴석들 그리고 멀리까지 펼쳐져 있는 큰 바다, 내 고향 내 집 같았고, 나를 완전히 빠져들게 하였다. 이름다운 도량을 보니 마음속에 숨어 있던 신심이 되살아났다.

　그래 이곳이다. 이곳이야. 한 번 해 보자. 죽든지 살든지 한 번 해보는 거야!

기 도

1) 정 진

보리암 종무소에 삼백 일 기도 방부를 드리고 주지스님께 인사를 드리니, 며칠 기도를 하냐고 물으셨다.

"삼백 일 기도를 하겠습니다." 주지스님은 조금은 의아해하시면서 "잘해." 이 한마디로 방부를 허락받았다.

나중에 안 일이지만 비구스님은 백 일 이상 장기기도를 하는 자는 드물고, 또 기도 기간 중간에 바랑을 메고 떠나 버리니 주지스님 입장에서는 걱정스러운 것이다.

우선 방을 배정받았다. 바다가 내다보이는 경치가 좋

은 장기 기도자 스님들의 방이었다. 방에 짐을 풀고 도량을 다니면서 각전각과 해수관음상에 "기도하러 왔습니다." 하고 인사를 드렸다.

나의 기도는 다음 날 아침기도부터 본격적으로 시작되었다. "일체중생을 구제할 수 있는 능력을 주십시오! 구제할 수 있는 힘을 주시옵소서."

보리암에는 기도객이 많이 찾아온다. 각양각색의 소원을 들고 찾아온다. 그들은 한방에서 지낸다. 단기 기도자와 장기 기도자가 방을 나눠 쓴다. 나는 당분간 혼자 방을 썼다. 기도하는 기도스님이 없어서였다.

누가 가르쳐 주지 않았지만 관세음보살의 명호를 머리와 마음속에 새기려고 안간힘을 썼고 눈으로는 그 명호를 보려고 했다.

대중과는 가능한 한 말을 아꼈다. 시선은 땅을 쳐다봤으며, 시간이 남으면 몰래 선한 행동을 하였다. 그렇게 바보처럼 숙맥처럼 세월을 보냈다.

온몸과 마음 그리고 입으로 관세음보살을 부르며, 일주일이 자나자 나의 헐떡이는 마음은 안정되었고, 번뇌망상은 끊어졌다가 다시 나오는데 처음에는 끊어지는 시간이 짧다가 하루하루 시간이 지나가니 그 끊어지는 시간이 점점 길어졌다.

하루는 의자에 앉아서 간절히 관세음보살을 염하고 있었는데, 정신 나간 나의 모습을 본 비구니 스님이 큰 소리로 웃으며 나의 앞을 지나갔다.

그렇게 한 달 두 달 흐르니 꿈은 묘해지고 정신은 맑고 또렷해져서 밤을 새운 날이 여럿 있었다.

어떤 날은 잠을 자다가 새벽에 눈을 떠서 창을 보는데 밖이 비치지 않는 창문에 희고 둥근 달이 떠 있기도 하였다.

기도시간에는 대중과 같이 법당에서 기도했고 방에서는 좌선과 금강경 독송을 줄곧 하였다.

백일회향에는 선망조상에게 재를 지냈고, 나의 모습과 마음은 몰라보게 변해 있었다.

법당에서 기도할 때는 고성으로 염불하니 자연적으로 목이 쉬어 말이 안 나왔다. 팔이 틀어지고, 다리는 서 있을 힘이 없었으며, 어깨가 고통스럽게 아파 왔다. 숨 쉬기조차 힘든 나날이었다.

이백 일이 지나서는 몸의 장애가 사라지고 꿈속에서도 염불이 되는데, 그때는 큰 짐을 내려놓은 것처럼 마음이 가볍고, 법열(法悅)과 마음의 평화가 공존했다.

2) 가 피

가피(加被)란 불·보살님에게 위신력을 받는 것을 말한다. 간절한 마음으로 기도하는 이에게 불·보살님께서 불가사의한 힘과 이익을 주는 것이다.

가피에는 크게 세 종류가 있다.

첫째는 몽중가피이다. 꿈속에서 불·보살님을 만나서 위신력을 받는 가피이고, 둘째는 현증가피이다. 불·보살님이 직접 나타나서 구제를 해 주는 경우이며, 셋째는 명훈가피인데 은은히 항상 부처님의 가피를 받는 것이다.

이 중 어느 것이 뛰어난가를 떠나서 기도인은 그 기도에만 정신을 집중해서 열심히 해야 하는 것이다.

그 부여받은 가피는 잘 지키고 잘 써야 끝까지 유지할 수 있고, 함부로 쓰면 거기에 따른 값을 치러야 하는 것이다.

보리암에서는 두 스님의 특별한 인연이 있었다.

한 스님은 기도과정에서 기도가 잘되게끔 이끌어 주신 노스님이었고, 또 한 스님은 기도를 방해하는 역행신지식이었다.

이 두 스님이 계셨기에 나는 관세음보살님께 가피를 받았고, 성불의 원을 다시 한 번 되새기는 계기가 되었다.

얼마간의 기도기간이 지나자 나를 지켜보았던 보리암
의 노스님은 보리암 좌선대 밑에서 움막을 지어 놓고 십
여 년간 공부를 하신 스님이다.

나의 모나지 않는 행동과 뭔가 해 보겠다는 마음을 아
셨는지 몇 가지 시험을 하시고는 당신의 움막에 찾아와
도 좋다는 신호를 하셨다.

대개 선지식의 시험은 굳건한 신심과 어떤 상황에 처
해도 선지식에 대한 유순(柔順)의 마음을 알아보기 위한
일종의 테스트이다. 거기에 합격하면 가르침을 주지만,
불합격하면 진리에 대한 가르침은 없는 것이다.

나는 궁금한 일이나 기도 중에 오는 장애를 여쭙기도
하였다. 어느 날은 금강경 독송을 권하였다. 당신은 열심
히 독송해서 천안통이 열렸는데 이 사실은 비밀로 하라
고 당부하셨다.

요즘은 도처에서 선지식이 없다고들 한다. 그러나 그
수행자가 대승적인 원력 그리고 몸과 마음을 모두 바쳐
서 수행 정진하면 선지식은 어디서인지 나타나서 이끌어
주신다.

불·보살님이 화현하셔서 우리를 이끌어 주시는 것이
다. 중요한 것은 공부인의 자세이다. 당신들의 적자를 놓
치지 않는다.

노힐부득과 달달박박은 관세음보살님의 인도로 성불하지 않았는가?

역행선지식은 나와 나이가 비슷한 스님이었다. 방도 함께 썼는데, 처음 그 스님과의 첫 마주침은 불길한 느낌이 스쳤다. 성격은 활달했고, 직설적이었다. 나는 그 스님과 부딪치지 않으려고 맞추어 가면서 살았다.

나는 열심히 기도하고 수행 정진하는 마음에서 보리암을 찾았고, 그 스님은 문중스님의 절이기에 게을렀고 기도에 신심이 없었다.

나는 시간만 나면 앉아서 공부하려고 했고, 그 스님은 공부가 목적이 아니었다. 아니 나는 기도가 잘됐고 그 스님은 잘 안 되었다. 당연히 열등감이 생겼다. 백일기도를 끝나고 떠나는가 싶었다. 다른 방을 구해서 혼자 쓸 수 있었는데, 왜 자꾸 나와 같이 쓰려고 하는지 정말 힘들었다. 기도를 방해하는 마구니였다. 한 번은 얼마나 속을 긁는지 혼을 내주겠다는 생각이 들 정도였다. 나의 '죄업장이라 죄업장이구나……' 참고 참았다.

이상한 것은 그 스님과 헤어진 후 얼마의 세월이 지나자 계속 마주치는 것이었다. 한 번은 포교당 소임을 보는데 객스님이 찾아와 나가 보니 그 스님이었다. 그 성격과 하는 행동은 예전과 똑같았다.

부처님의 뜻이구나. 부처님 뜻이야!

방에서 차를 마시면서 지나간 일에 대해 이야기했다. 신기한 것은 그 후론 아직까지 그 스님을 만나 보지 못했다.

그런데 나의 가피는 그 스님의 도움으로 인하여 시작된 것이다.

아침 공양 후 항상 금강경을 독송하였는데 그것이 보기 싫었는지 방해를 하기 시작했다. 어쩔 수 없이 공양간 옆 바위틈에서 자리를 마련하고 독송하였다.

하루는 해가 막 솟으려고 하는 이른 아침이었다. 한창 독송하고 있는데 한 마리의 파랑새가 나를 쳐다보고 있는 것이 아닌가? 몸 색깔은 짙은 검정색이었고, 맑은 빛이 흘러나왔다. 눈은 새까맣고 눈동자에도 빛이 나왔다. 한참 동안 나를 주시하더니 하늘로 날아가면서 지저귀는데 그 소리에 허공이 쾅쾅 하고 울렸다.

그 후론 목이 터져서 원하는 목소리도 마음껏 나왔고, 법당에서 관세음보살을 부르면 몸 안에서는 오케스트라 연주처럼 몸이 울려서 퍼져 나갔고, 그럴 때에는 내 염불소리에 깜짝깜짝 놀라곤 하였다.

이백 일이 지나선 꿈을 꾸는데 망망대해 바위 위에 한 스님이 올라앉았는데 그 스님은 바로 나였다. 사바세계의 중생을 구제한다고 말하면서 하늘로 날아 올라갔다.

한참 날다가 바다에 비친 모습을 내려다보았는데 내 모습은 한 덩이의 둥글고 밝은 빛으로 변해 있었다.

다음 날 일어나니 꿈은 또렷했다. 옳거니 됐구나. 관세음보살님이 감응하셨구나! 이때에는 법당에서 기도하면 나의 손은 저절로 관세음보살님과 같은 수인을 맺기도 하였다. 나는 서서히 관세음보살이 되어 가는 것이었다.

3) 신 통

신통은 초인간적인 능력을 말한다. 이 신통은 불교뿐만 아니라 다른 종교나 외도들도 신통이 열리는데, 수행을 한다고 신통이 열리는 것도 아니고 사람마다 도인마다 다소 차이가 있다.

부처님께서는 신통의 사용을 엄히 금하셨다.

신통은 깨달음으로 가는 과정에서 일어난 것이지 깨달음의 완성단계가 아닌 것이다. 간혹 기도자 중에서 이 신통을 얻기 위해 기도를 하는데 이는 아주 조심할 일이다. 신통은 시간이 지나면 자연적으로 없어지는 것이기에, 신통에 집착하면 깨달음이 아닌 다른 길로 들어가는 것임을 명심해야 한다.

그래서 신통은 깨달음을 얻기 위한 도구로 써야 하는 것이다. 또 신통을 얻은 분들도 사람들을 현혹시키고, 기도로 얻은 힘을 함부로 사용하면 신통의 노예가 되고 패가망신함을 깊이 믿어야 할 것이다.

필자도 기도 중에 이 신통이 자연적으로 찾아왔는데 몇 가지 적으려 한다.

첫째, 식이 맑아지고 몸이 깨끗해지니 앞날을 예언했다. 나의 몸과 마음은 하늘과 연결되어 기상상황, 비가 얼마나 오고 언제까지 오는지, 태풍이 올지 안 올지 정확히 알아맞혔다.

대선 때였다. 김대중 후보가 TV에 나오는데 하늘의 기운을 받고 있었다. 그날 어느 객스님이 누가 당선될 것인지 물어보았는데 나는 모르는 척했다.

둘째는 몸이 가볍고 힘이 있어 산이나 언덕을 마음껏 다닐 수 있는 것이었다. 밤을 새우더라도 피곤한 줄 몰랐고, 아무리 힘든 일을 해도 앉아서 숨을 한 번 쉬면 원래 상태로 돌아왔다.

셋째는 다른 사람의 마음을 읽는 타심통이 생겼다. 이런 신통은 대중과 살 때는 너무 힘들었다. 생각해 보라. 상대방의 더럽고 깨끗한 마음, 나와 남을 좋아하고 미워하는 것을 알 때 본인은 얼마나 힘든지. 그러나 나는 내가 이런 것이 있는지에 대해 말을 안 했고, 누가 물어도 아는 척을 안 했다.

마음속에 차근차근 깨달음의 양식을 쌓아 놓았다. 그야말로 세상이 내 손바닥에 있었다.

수행체험담을 글로 쓰는 것은 참으로 어려운 일이다. 글을 읽는 분들에게 잘못 전달될 수 있기 때문이다. 이 글은 관세음보살님의 가피로써 써 내려가는 것이다. 나의 체험을 밝히는 것은 한 분의 관음염불수행자를 건지

기 위해서, 보살의 마음을 심어 주기 위해서 감히 밝히
는 것이다.

꽃 피 니 열 매 맺 네

4) 마 장

석가모니 부처님은 붓다가야의 보리수 아래에서 도를
이뤘다.

부처님은 인간의 자각을 선언하신 최초의 인간이시며,
우리 인류에게 또 다른 태양의 빛을 선사하신 위대한 영
웅이시다.

그가 고행을 풀고 선정과 고행의 양극단으로부터 벗어
난 중도의 길을 택하지 않았던들 마왕 파순의 항복을 받
아 내지 않았던들 이 세상에는 부처님의 성스런 가르침
은 존재하지 않았을 것이다. 그렇다. 부처님께서 도를 이
룬 것은 장애를 이겨 내셨기 때문이다.

기도나 수행 중에도 장애가 찾아오는데, 이런 것을 이
겨 내지 못하면 소원성취나 도를 이루지 못한다. 그러나
이러한 장애가 자신을 성숙시키는 것임을 잊지 말아야
할 것이다. 간혹 스님들은 장애 때문에 병을 얻거나 환
속을 하기도 하는데 조심할 일이다.

마장판별과 대처법에 대해선 『능엄경』과 「보왕삼매론」
에 자세히 나와 있다. 어느 스님은 기도나 수행 중에 오
는 마장은 자신의 업이 녹는 업장이라고도 하는데 그것
도 틀린 말은 아니다. 수행인은 마장판별과 대처방법에

대하여 꼭 알아 둬야 한다.

보리암 기도 중에 나에게도 장애가 다가왔다. 마장은 크게 마음 안의 마와 마음 밖의 마가 있다. 소소한 장애는 굳은 신심으로도 이겨 낼 수는 있지만 내가 겪은 장애에 대해서 간략히 적어 보고자 한다.

나는 기도시간을 생명처럼 여겼기에 시간이 지날수록 시계에 묘한 현상이 일어났다. 전문 기도도량에서는 기도 시간을 하루 네 번 나누어 하는 사분정근을 한다.

어느 날 기도시간에 맞춰 준비를 하고 있는데, 지금 시간이나 삼십 분 전의 시간이 같았다. 자세히 보니 초침이 딱 멈춰 있지 않은가. 신기한 것은 그 시간을 확인한 후에는 또다시 돌아가는 거였다. 시계 약을 바꿔 껴도 소용이 없었다. 그런 일이 여러 번 반복되었다.

밖에서 오는 마는 정념을 지키고 있으면 그들이 어떻게 하지는 못한다. 중요한 것은 마음 안의 마와 싸우는 일이다.

방을 같이 쓰던 스님이 너무 힘들게 해서 총무스님께 말씀드려 햇빛이 안 드는 작은 골방에서 혼자 지냈다. 며칠 후 새로이 기도 스님이 오셨는데 같이 방을 쓰라는 것이었다. 정말 너무하다는 생각이 들었다. 화가 치밀어 올랐다. 스님들이 미워졌다. 며칠간을 고민했다.

아! 인연이 다 됐구나. 원하는 것을 얻었다고 생각한 나는 거침없이 행동에 옮겼다. 어안이 벙벙한 스님들을 뒤로한 채 큰북만 한 바랑을 짊어지고 주왕산으로 떠났던 것이다.

스님의 회한

주왕산은 금산의 보리암과는 산의 기운이 틀렸다. 산 기운이 센 나한 도량이었다.

겨울인지라 코끝이 시린 바람을 맞고 주왕산 주왕암으로 들어섰다. 주지스님께 인사를 드리고 이십일 일 관음 기도에 들어갔다.

기도를 하기 전에 먼저 원력과 마음을 다졌다. 초심자의 용맹심인지 젊은이의 객기인지 칼로 손가락을 그어 피를 내어서, 그 피로써 원력을 쓰면서 화려한 의식을 갖췄다.

묵언에 사분 정근으로 기도를 시작했다. 주왕암 공양

주 보살님이 간간히 말을 시키고, 이것저것 물어 오는데, 일체 말을 하지 않았다. 속으로 아마 나를 흉봤을 것이라. 지금 생각해도 그 보살님한테 미안한 마음이 든다. 고지식하셔도 열심히 사시는 보살님이었는데……. 회향 전날은 더 열심히 정진해서 꿈속에서 수기도 받았다.

주왕암 겨울은 매서웠다. 기도의 힘으로 추위를 모르고 지내다가 선방에 방부를 드리기 위해 며칠 휴가를 내고 하산을 했다. 오랜만에 속세에 내려간 김에 동생이 결혼을 했다기에 동생집도 들르고…… 일들이 착착 잘 진행되었다. 그러나 인생은 고난의 연속이라 했던가? 한 꺼풀 벗겨졌는데…….

동생 집에서 결혼 앨범을 보았다. 행복해야만 했던 속가식구들의 얼굴 중에 아주 힘들어하고, 세상 살기 힘들어하는 얼굴이 눈에 들어왔다.

아버지였다. 분명 그 얼굴은 바짝 마르고 생명의 불길이 거의 꺼진 얼굴이었다. 몸에 힘이 풀렸다. 세상이 손바닥에 있다던 나의 눈과 마음은 거처를 잃어버렸다.

큰아들인 나를 얼마나 원망했을꼬. 나중에 안 일이지만, 집수리를 돈을 아끼신다고 혼자 일을 하셨으니……. 모래 나르고, 시멘트 지며, 벽돌 쌓고, 죄송합니다. 죄송합니다. 이 불효자를 용서해 주십시오. 그 전에 알았고 깨달았다는 건 아무런 소용이 없었다.

나를 위로해 준 것은 곡차뿐이었다. 어느 여관집을 잡아 놓고 하루 종일 마셔 댔다. 누구한테 속은 거냐! 무엇이 잘못된 거냐. 나와 봐라. 나와 봐. 말 좀 해 봐라. 말 좀 해.

다음 날 집에 들어가니 아버지의 모습은 그전과 같은 건강한 모습이었다. 나는 그만 맥이 풀려서 쓰러지고 말았다. 방 안에 죽은 시체처럼 힘없이 누워 있었다. 하루, 이틀 주위는 조용했다. 그때 나의 눈에서 헬리콥터의 프로펠러 같은 한 줄기 빛을 쏟아 냈다. 그 빛은 하늘로 힘차게 올라갔다. 영화 제5원소의 여주인공은 지구를 살리기 위해 빛을 뿜어냈지만 나는 뭘까?

빛을 쏟아 낸 후 조금 있다가 손가락이 조금씩 움직였다. 그리고 몸의 중요한 부분에 갑자기 힘이 주어졌다. 죽었다가 다시 살아난 것이다.

이 나쁜 놈들! 괘씸한 놈들! 나를 힘들게 하고 괴롭히는 이들이 생각났다.

몸은 살아났지만 의식은 그전 같지 않았다. 참선을 하고, 경전을 보고, 어록을 봐도 그전 같은 맑고 밝은 마음이 아니었다. 어느 날이었다. 우연히 본 부처님의 말씀이 나의 마음을 두드렸다.

“잃으면 얻고 얻으면 다시 잃나니 잃고 얻음을 놓아 버려야 비로자나불일세.”

순간 띵하고 전율이 몸과 마음속에서 흘렀다.

사랑하리. 모든 것을 사랑하고 끌어안을 수 있는 마음을 가지리.

보시하리. 내가 가진 것 아낌없이 보시하고, 헌신할 수 있는 원력 가지리.

용서하리. 끝없이 용서할 수 있는 보살마하살이 되리라.

참 회

스님은 삼 일에 한 번씩 봐야 한다는 말이 있다. 때로는 악행과 악식으로 사는 스님도 산중의 고요한 생활과 절집의 위엄 있는 행동이 참회(懺悔)를 하게 하고 다시 발심하게 만드는 계기가 되는 것이다.

참회는 자신의 죄를 뉘우치고 다시는 죄를 짓지 않겠다고 굳은 맹세를 하는 것이다.

참회에는 마음으로 참회하는 이참법과 몸으로 참회하는 사참법이 있다.

참다운 참회는 자신의 운명과 업을 바꿔 놓고, 큰 깨달음에 이르기도 한다.

『천수경』에는 참회에 대한 멋진 게송이 있다.

죄무자성종심기(罪無自性從心起)
죄의 자성본래 없어 마음 따라 일어나니
심약멸시죄역망(心若滅時罪亦亡)
마음이 멸할 때 죄 또한 없어지네.
죄망심멸양구공(罪妄心滅兩俱空)
죄가 없어지고 마음이 멸하여 모두가 공하니
시즉명위진참회(是則名爲眞懺悔)
이것을 참된 참회라 하리라.

인간이 인간다울 수 있는 건 참회를 할 수 있기 때문이다. 동물들은 참회를 할 수 없고, 인간만이 참회를 할 수 있다. 참회를 할 때 참다운 인간으로 성장할 수 있고, 참회할 때 비로소 새로운 것을 담을 수 있는 것이다.

기도의 기본이 참회이다.

나의 참회는 보리암에서 사과 깎는 일에서 시작된다. 기도를 마치고 사과를 먹으려고, 사과를 깎다가 그만 손가락을 찔렀다. 크게 살점이 떨어져 나가고 엄청난 피를 흘리는데 무엇이 그렇게 서러운지 "잘못했습니다. 참회합니다." 하고 방바닥에서 통곡을 했다. 참회의 눈물은 부끄러운 것이 아니다. 참회의 달콤한 눈물을 흘릴 때 새 출발을 할 수 있는 것이다.

그 후 여러 번 기도 중에 참회보살이 강림하셔서 대성

통곡의 가피를 받았고 진화와 발전을 거듭해 왔다.

나는 고지식한 성격 때문에 때로는 방황도 했고, 많은 것을 잃을 때도 있었다. 하지만 인생의 수업료를 많이 낸 사람이 크게 성공한다고 하지 않던가?

채찍의 아픔이 골수에 사무칠 때, 달리는 말처럼 때리면 맞고, 넘어지면 땅을 짚고 다시 일어나는 오뚝이 같은 인생을 살아왔다.

어느 날 은사스님과 은해사의 발전에 대해서 말을 나눈 적이 있었다. 십여 년의 세월에 참으로 많은 불사를 하셨다.

"스님 은해사가 몰라보게 발전했는데요."

"그럼 몰라보게 달라졌지."

"십 년 전의 너와 지금의 너는 몰라보게 달라졌지."

참회가 나를 몰라보도록 변하게 만든 것이다.

참회합니다.

알고 짓고 모르고 지은 과거·현재·미래의 모든 죄업을 참회합니다.

승가의 위의(威儀)에 벗어난 행동을 참회합니다.

남에게 뼈아프게 했던 말을 참회합니다.

남을 배려하지 못한 점을 참회합니다.

자비심이 없음을 참회합니다.

소승기도

기도란 빌기(祈) 빌도(禱)이다. 일반적으로 경배할 대상에게 자신의 소원과 복을 바라고 재앙을 피하게 해 달라고 비는 것이다.

불교의 기도는 불보살님에게 가피를 받아 여러 가지 공덕을 성취하고, 업장을 녹이고, 재난과 재앙을 면할 수 있도록 기원하는 것이다.

기도 성취방법은 많지만 필자의 기도 성취 방법과 기도의 종류에 대해서 몇 가지 밝히려고 한다. 나는 몇 번의 집중적인 기도와 끊임없는 기도로 인생의 행복과 왜 살고, 무엇을 위해 살지에 대한 신념이 생겼다. 그렇다.

삶의 입지(立志)가 서는 것이 기도의 첫 번째 관문이다.

기도의 방법은 여러 가지가 있지만 송경기도, 주력기도, 염불기도가 그 대표적이다. 우선 나는 칭명염불기도를 권하고 싶다. 칭명염불(稱名念佛)은 불·보살의 마음을 바로 알고, 그 마음을 받을 수 있는 정법수행이다.

염불의 공덕은 말로 다 할 수 없다. 또 많은 염불 중에 관세음보살염불을 권하고 싶다. 물론 아미타불이나 지장염불 기타 불보살의 염불도 훌륭하다.

관음염불은 대자대비의 원력으로 어머니가 자식을 포근히 안아 주는 최상의 조건과 모든 일이 뜻대로 되는 성취의 기도이며, 많은 사람이 함께할 수 있는 보편적인 방법이다.

기도 성취의 비결은 무엇일까?

첫째, 원력이 있어야 한다. 개인적으로 건강이나 공덕 성취, 업장소멸의 소망이 있어야 한다. 모든 수행이 그렇지만 기도도 마음을 어떻게 먹고 하느냐에 따라 성패가 달렸다. 이 원력은 기도 중에 오는 장애를 거뜬히 넘길 수 있고 수행을 꾸준히 할 수 있는 신비스러운 약인 것이다.

둘째, 원력에 뒷받침되는 간절한 수행이다. 간절할 절(切) 하나면 참선이나 염불이나 주력수행이 끝나지만 아무튼 입과 마음으로 간절하게 사무치게 불러야 한다. 간절한 마음이 안 나오면 그만큼 업장이 두터운 것이라 생각하고 열심히 해나가야 한다.

셋째, 선행이다. 옛날 어른 스님들은 자신의 공부 성취를 위해 남몰래 선행을 했다. 가난한 사람들의 집에 쌀을 몰래 짊어져 갖다 주고, 갖은 선행을 하였다. 특히 대중처소에서 기도할 때는 솔선수범과 선행은 기도 성취의 원동력이다. 또 타인의 기도를 방해하는 자가 있는데, 이것은 나의 기도를 망치는 지름길임을 알아 항상 남을 배려하는 마음을 가져야 한다.

건강이 좋아지고, 업장을 소멸하고, 세상을 멀리하는 개인적 소망을 바라는 기도, 쉽게 이야기해서 혼자 잘 먹고 잘살고자 하는 기도가 소승기도인 것이다.

신라 경덕왕 때에 한기리에 사는 희명이라는 여자아이가 태어난 지 5년 만에 갑자기 눈이 멀었다. 어느 날 어머니는 이 아이를 안고 분황사 좌전(左殿) 북쪽 벽에 그린 천수관음 앞에 나가서 아이를 시켜 노래를 지어 빌게 했더니 멀었던 눈이 드디어 떠졌다.

그 노래는 이러했다.

무릎을 세우고 두 손바닥 모아서
천수관음 앞에서 비옵나이다.
천손과 천안 하나를 놓아 하나를 덜기를
둘 다 없는 몸이오니 하나만이라도 주시옵소서.
아! 나에게 주시오면, 그 자비 얼마나 클 것인가.

꽃 피 니 열 매 맺 네

대승기도

기도는 맑고 시원한 물을 마시는 것과 같고, 신령스러운 양식을 먹는 것과 같다. 기도에는 모든 것을 이루는 힘이 있다. 조급한 마음을 버리고 간절하게 기도하라. 그러면 불·보살님들이 항상 그대를 지켜 주고 응원해 줄 것이다.

대승기도는 대승적 발원의 기도이며, 보리심을 일으키는 것이다. 즉 나 혼자가 아닌 일체를 구원하겠다고, 모두가 성불하겠다는 서원의 기도이다.

마음은 자기가 그림 그리고 원하는 대로 이루진다고 하지 않는가? 작은 원력은 작게, 큰 원력에는 큰 성취가 뒤따르는 것이다. 그래서 대승기도는 깨달음으로 바로 연결된다.

대승 교리인 공과 반야사상 여래장사상을 전수받는 것이다. 이 기도를 성취하면 내 안의 관음과 관음법신이 둘이 아닌 이치를 알 것이다.

역사적으로는 용수보살과 마명보살 같은 분들이 그러하고 다른 종교에서는 성인예수가 그러하다. 일체를 하나로 꿰뚫어 볼 수 있는 기도가 대승기도이다. 전생에 선근 없이는 믿기 어려운 기도이다.

어느 스님이 낙산사의 홍련암에서 관세음보살을 친견하고자 백일기도에 들었다. 그러던 어느 날 밤 꿈에 백의여인이 나타나 "그대가 관음진신을 친견하려면 진양 땅에 사는 양처사를 찾으라."고 하였다. 그래서 양처사를 찾아가 보니 30여 명이나 되는 머슴들에게 일을 지시하고 또 농사의 현장을 다녀오는 등 별다른 점이 없었다.

스님은 3일 후에 떠나면서 양처사에게 백의여인이 꿈에서 한 말을 들려주면서 숨은 신행생활을 듣고자 하였다. 처사가 이르기를, 자기는 하루에 염불을 3번 염송하고 그것도 딱 한 번만 한다는 것이다. 곧 아침에 일어나 '나무' 하고 그걸 잊지 않고서 저녁때에 '아미타불'을 염송한다는 것이다.

최상승기도

최상승기도는 참선과 직결된다. 참선이 최상승기도요, 최상승기도가 참선인 것이다. 최상승기도는 무엇을 비는 기도가 아니다. 곧바로 여래의 도량에 들어가는 일초직입여래지(一超直入如來地)이다.

최상승기도는 여래선이며, 조사선인 것이다. 먼저 자신이 관세음보살과 다름없음을 믿고, 행주좌와 어묵동정에 관세음보살을 끊어지지 않게 입과 마음으로 칭명해야 한다.

밀고 니가고 밀고 나가면 관세음보살이 부드러운 순두부처럼 한 덩어리가 되어 때로는 간절하게 때로는 무심코 관세음보살이 나오면 염불이 저절로 한 조각이 되니 이때가 좋은 시절이라.

여기서 일념이 만년(萬年) 되게 해서 일상생활을 잊어
버리고 시절인연이 도래하여 빛과 소리의 인연을 만나거
나 관세음보살의 인도함을 만나면 깨달음을 얻는 것이다.

만연도방하(萬緣都放下)
만 가지 인연을 모두 놓아 버리고
상념관세음(常念觀世音)
항상 관세음보살을 생각하라
차시여래선(此是如來禪)
이것이 여래선이며
역위조사선(亦爲祖師禪)
또한 조사선일세

꽃
피
니

열
매

맺
네

전 생

『법화경』에는 전생을 알 수 있는 말씀이 있다.

> 욕지전생사(欲知前生事)
> 전생 일을 알고자 하느냐?
> 금생수자시(今生受者是)
> 금생에 받는 그것이다.
> 욕지내생사(欲知來生事)
> 내생 일을 알고자 하느냐?
> 금생작자시(今生作者是)
> 금생에 하는 그것이다.

우리들이 자신의 전생을 알면 인과(因果)를 바로 믿게 된다. 인과는 자신이 몸과 말과 뜻으로 지은 결과이다.

이것을 업설이라고 한다. 이 업설은 선업에는 복이 악업에는 재앙이 따른다는 것이다.

선인선과 악인악과, 콩 심은 데 콩 나고 팥 심은 데 팥 난다.

중요한 것은 한 번 지어 놓은 것은 언젠가는 그 과보를 받는다는 것이다. 그 과보가 찾아올 때에는 “나의 잘못입니다. 참회합니다.” 하고, 긍정적으로 받아들여야 자신의 업장이 소멸되는 것이지 신세 한탄만 하고 있으면 자신의 업은 쉽게 사라지지 않는다.

어떤 사람들은 머리를 써서 과보를 피하려고 점집을 찾고 사주를 보는데, 그런 일을 자신의 업이 먼저 알아차리는 것이다.

복진타락(福盡墮落)이라 복이 다하면 불행을 맞게 된다. 항상 선업을 쌓기를 게을리하지 말며, 기도를 생활화할 때 새로운 인생이 찾아오는 것이다.

머나먼 전생에 티베트불교 수행자였지, 다음 생은 중국스님, 중국에서 우연히 전생 도반을 만났었지. 지금은 또다시 스님이 되어 관음염불운동과 보살마음을 세상에 알리려 왔지.

간절한 기도와 참된 보시는 몇 생을 뛰어넘을 수 있는데 여기 흥미 있는 이야기를 한 편 소개한다.

조선중기 경기도 연천군 보개산 심원사의 스님은 퇴락한 법당을 중수하기 위해 천일기도를 올렸다. 기도 마지막 날 꿈을 꾸는데, 부처님이 현몽해서는 불사에 대한 방법을 계시하였다. 화주 책을 만들어 아침에 고을로 내려가서 처음 만나는 사람에게 주라는 것이었다. 스님은 부처님 계시대로 곧 화주 책을 만들어 들고 산을 내려가면서 처음 만나는 사람이 아무쪼록 공덕심이 있어서 법당을 새롭게 중수할 수 있기를 기원하였다.

그때 한 사람이 오는데 자세히 보니 고을의 대감 집에 사는 총각 머슴이었다. 스님은 마음속으로 뭔가 잘못된 것이 아닌가 하여 실망하다가 어젯밤 꿈이 하도 생생한지라 머슴이지만 자초지종을 이야기하고 화주 책을 건네주고 돌아왔다. 스님은 책을 주고 절로 돌아왔지만 마음이 놓이지 않았다.

화주 책을 건네받은 머슴은 신세가 박복하여 가진 것이 없어 불사에 참여하지 못함을 고민하다가 장가갈 때 받기로 하고 수십 년 동안 모아 놓은 새경을 일시에 받아서 심원사에 시주하였다. 그리고 장가가기를 포기하고 머슴살이를 계속하였다.

머슴의 선행은 고을에 널리 퍼져, 사람들은 좋은 일이 생길 것이고 복을 받을 것이라고 칭찬을 아끼지 않았다.

그런데 이게 무슨 운명의 장난인가? 머슴이 일하다가 실족하여 하반신이 불구가 되었다. 대감 집에서는 일을 하지 못하는 머슴을 쫓아내었다. 스님은 난처한 지경에 빠진 머슴을 절로 데려왔다. 그러자 고을 사람들은 물론이고 스님마저도 부처님의 인과법문과 기도의 위신력에 회의를 가졌다.

그런데 얼마 되지 않아 절에서 허드렛일을 도우며 지내던 머슴이 이번에는 중풍에 걸려 대소변도 가리지 못하는 신세가 되었다. 생명처럼 소중한 재산을 시주한 착한 사람을 위해 스님이 조석으로 기도를 아끼지 않았건만 돌아온 것이 이러한 불행이란 말인가. 사람들은 부처님의 인연법이나 가피력을 믿지 않았고 절에도 오지 않았다.

그런데 더 기가 막힌 일이 벌어졌다. 또 얼마 되지 않아 머슴이 호랑이에게 잡아먹히고는 머리만 길바닥에 뒹굴었다. 박복해도 이렇게 박복할 수 있을까? 스님은 도끼를 들고 법당으로 들어가 아무런 영험도 없는 불상의 이마를 찍었다. 그리고 다시 치려고 도끼를 빼려고 하니 빠지지가 않았다. 아무리 애를 써도 소용이 없었다. 스님은 박복한 총각의 머리를 거두어 묻어 주고 그대로 절을 떠났다.

그러한 소문을 들은 고을사람들이 절로 올라와 도끼를
빼려고 하였으나 어림도 없었다. 그렇게 세월이 흘러 30
여 년 그 고을에 새로 부임한 젊은 군수가 심원사에서
일어난 이상한 일을 보고받고는 마음이 일어 절을 찾아
갔다. 군수가 도끼 끝을 자세히 보니 이런 글씨가 쓰여
있었다.

"불사로 삼생(三生)의 인과를 한꺼번에 벗은 지가 이
도끼를 빼리라."

군수는 불상에 박힌 도끼를 잡아 뽑아 보기로 하였다.
그리고 잡아당기니 도끼가 쉽게 빠지는 것이 아닌가! 군
수는 물론이고 고을 사람들 모두가 놀라움을 금치 못하
였다.

한 생은 머슴으로 또 한 생은 불구자로 그리고 또 한
생은 중풍으로 누워 살다가 마침내는 호랑이에게 잡아먹
히는 것으로 생을 마쳐야 할, 기나긴 세월의 업장이 두
터운 불심과 참된 보시로 인하여 삼 년 만에 업장이 소
멸되고, 이제 머슴이 군수로 환생하여 금의환향(錦衣還
鄕)한 것이다.

지 도 자

　지도자의 사전적 의미는 집단의 통일을 유지하고 성원이 행동하는 데 있어 방향을 제시하는 역할을 하는 인물이다.

　사회적으로는 종교지도자, 정치지도자, 체육지도자, 교육지도자 등 많은 지도자들이 있다.

　요즈음은 대통령도 마음대로 못 해 먹을 세상이다. 일거수일투족이 항상 세인의 관심거리며, 시시비비가 끊어지지 않는다. 불교계에서도 요사이 불교지도자가 없다고 한다. 지도자가 없는 한국 불교에 대한 우려의 목소리가 드높다.

불교계의 훌륭한 지도자의 조건은 무엇일까?

첫째는 권위의식을 버리고 자비심이 있어야 한다.

몇 년 중노릇을 했느니, 몇십 년 선방에 앉았다느니 하면서 밑의 스님을 우습게 보거나 싸늘하고 무서운 눈빛으로 대중을 바라보는 스님들, 훌륭한 지도자는 스스로를 낮춘다고 하지 않는가? 그래서 주위에는 실력 있는 인재들이 모여 있고 억압이 아닌 법의 위엄과 자비로써 사람들을 다루는 지도자가 훌륭한 지도자일 것이다.

반면 권위의식이 있는 지도자는 스스로를 높여서 말만 잘 듣는 사람들을 주위에 둔다. 시키는 일은 기계처럼 잘한다. 그러나 욕은 지도자가 다 먹는다. 모든 과오를 주변의 인물에게 떠넘기기 급급하다.

둘째로 대승의 원력과 끊임없는 노력이다.

대승의 원력과 열정을 가진 자야 한다. 혼자만의 안락한 생활이 아니라 대중을 배려할 수 있는 크나큰 원력을 가진 선지식, 자신의 원력에 자부심과 열정이 있는 자, 보수보다는 중생을 위한 전법의 열정 그러나 세상은 열정만으로 되는 것이 아니다. 자신을 끊임없이 계발하고 공부하는 자, 노력하고 노력하는 자가 진정한 지도자인 것이다.

셋째는 인내와 기다림을 들 수 있다.

인내는 쓰고 그 열매는 달다는 말이 있잖은가? 원력과 노력이 빛을 발하려면 고통을 감수하는 인내와 기다릴 수 있는 끈기가 필요하다.

대승의 원력과 열정을 가진 자는 때를 기다려야 한다. 용으로 비유할 때는 현룡(現龍)이다. 현룡은 물 밖으로 나타난 용이다. 모든 준비를 끝내고 나와서 나의 능력을 알아줄 대인을 기다린다. 원력과 능력이 있다면 누가 보더라도 그 능력을 가진 사람은 빛나게 되어 있다.

넷째는 경청과 도덕성이다.

당태종 이세민은 지혜롭게 듣는 자가 세상을 얻는다고 하였다. 지혜로운 군주는 과오를 지적하는 말에 귀를 기울이고, 어리석은 군주는 칭찬하는 말에 귀를 기울인다. 지적받은 잘못을 고치면 복이 되지만, 찬사는 화가 되어 돌아온다. 자신의 생각과 다른 의견을 귀 기울여 들을 수 있고, 유머를 겸비한 지도자가 진정한 지도자일 것이다.

많은 영웅들이 초심을 잃고 역사적으로 사라지는 경우가 부지기수다. 도덕성은 성공을 끝까지 지킬 수 있는 방법이다. 훌륭한 지도자는 거짓말을 하지 않는다. 거짓말이 들통 나면 그의 신망은 물거품이 되어 없어지게 되기 때문이다.

제2장
나무관세음보살

자유로운 나비

나는 자유로운 인생을 살고 싶어 했다. 우리들은 원래 광음천의 신들처럼 행복을 먹고 살지 않았던가? 꽃이 떨어지면 빛과 향을 잃듯이 몸과 마음의 아름다운 향을 잃지 않도록 끊임없이 자신을 가꿔 나가야 한다.

원효스님과 의상스님은 더 자유로운 나비가 되기 위해 당나라 유학길에 오른다. 의상스님은 중국으로 건너가 화엄종의 대종사 지엄 스님에게 수학했다. 수제자 법장과 쌍벽을 이루던 의상스님은 지엄에게서 화엄교학을 전수받아 신라에 화엄학을 펼쳤고, 그의 문하엔 10대 제자가 있어 화엄학 전파에 앞장선다. 의상스님은 해동화엄종의 초조가 되었다.

원효스님은 당나라 유학길을 가던 중 '모든 건 마음에 달렸다'는 깨달음을 얻고 돌아와 민중포교, 불교대중화에 앞장선다. 원효스님은 자신을 소성거사라 부르며 민중 속으로 들어가 불법을 전한다.

저잣거리에서 표주박을 두드리며 '무애가'란 노래를 지어 불렀다.

"모든 일에 거리낄 것 없는 사람이라야 한길로 생사의 윤회에서 벗어나리라(一切無碍人 一道出生死)."는 화엄경의 사상을 담고 있었다.

원효스님의 불교 대중화는 염불운동이었다. 이 염불운동은 경전의 깊은 의미를 몰라도 '나무아미타불 관세음보살'만 계속 외우면 극락에 갈 수 있고 삶이 풍요로워진다는 것이었다. 그 덕에 가난하고 무지한 백성이 부처의 이름을 알 수 있었다.

또 원효스님은 한 종파에 집착하지 않고 각 종파를 융화하고 통합하려 애썼다.

여러 종파와 하나의 경론에 치우치지 않는 그의 일심사상(一心思想)과 화쟁사상(和諍思想)은 불법의 큰 바다 안에서 서로 화합하면서 살아가려는 대보살의 마음을 엿볼 수 있다.

보살행으로써 민중교화를 마친 그는 소성거사가 아닌 원효성사로 되돌아가 혈사에서 생을 마쳤다.

필자도 자유로운 나비가 되기 위한 몸부림을 많이 쳤다. 때로는 시행착오도 겪고, 실수도 하면서 은둔하는 스님이 아닌 대중을 위한 불교운동을 펼치기 위해 강원과 선원, 기도도량, 학교에서 배우고 수행하며, 그 양식을 마음속에 담았다가 놓았다가 하면서 하나의 결론에 이르렀다.

그것은 보살사상과 관세음보살염불이 한집안에서 모두가 아름답게 행복할 수 있으며, 안정적인 생활을 영위할 수 있고, 마침내는 깨달음에 이른다는 것을.

나무관세음보살

관세음보살은 세상의 소리를 관(觀)하는 보살이시다.

세상의 소리란 내 몸 안의 세간적인 소리와 몸 밖의 출세간적인 대우주의 근본소리와 빛을 마음으로 보는 것이다. 즉 안과 밖의 소리와 빛을 관하고 그 음성에 따라서 천 개의 손과 때로는 천 개의 자비스러운 눈으로 중생을 구호하고 이익이 되게 하는 대자대비의 화신이 관세음보살이시다.

관세음의 원명은 Avalokitésvara(아발로키테스바라)이며, 구마라습은 관세음으로 번역하고 현장은 관자재로 번역한 것이다. 보살은 bodhisattva(보디히사트바)이다.

이것은 bodhi(보디히)와 sattva(사트바)의 합성어로 지혜가 있는 유정(有情), 깨달음을 구하려는 유정이라고 번역한다.

그 외의 이름은 중국서진(西晉)시대 이전에는 광세음보살(光世音菩薩)이라 하였고, 세상을 구제하고 중생을 이익 되게 하는 이로서 구세대비자(求世大悲者), 두려움을 없애 주는 자 시무외자(施無畏者), 이 밖에도 33관음의 이름을 지니고 있는 실로 엄청난 인기가 있는 분이 관세음보살님이시다.

관음신앙은 A.D. 1C경 남인도 지역에서 유행하여 중국으로 전해졌고, 다시 삼국시대 때에 우리나라로 들어왔다.

특히 한국, 중국, 티베트, 일본 등 북방불교에서는 더욱 신앙되고 있다. 이렇게 관음신앙은 나라와 종파를 불문하고 통불교적인 색채를 띠고 있으며, 관세음보살의 가피를 입은 사례와 영험은 실로 헤아릴 수 없이 많다.

대승불교의 중생구제와 자비의 실천적인 면, 그리고 수행완성의 길에 관음신앙은 빠져는 안 될 중요한 요소인 것이다.

그러나 염불 하면 아미타불이나 석가모니불을 연상하고 관세음보살은 그의 협시보살로 생각하기 일쑤이고,

현세의 이익에만 매달린 염불이라 하여 관음주력이라고 폄하하기도 한다.

『관음삼매경』에는 "관세음보살은 옛날에 이미 성불하여 이름은 정법명왕여래이고 석가는 저 부처님의 고행하는 제자였다."

그렇다. 관세음보살은 부처를 이루었지만 중생구제의 원력으로 보살로 머물러 계시는 것이다.

또 『대승장엄보왕경』에는 "어떤 사람이 관세음보살마하살의 명호를 억념(憶念)하면 이 사람은 당래에 생로병사의 윤회의 고통을 멀리 여의고 마치 왕 거위가 바람을 따라 나는 것과 같이 속히 극락세계에 왕생한다고 했다."

관음염불로써 깨달음과 극락왕생을 보장받는 것이다.

관세음보살님은 지혜와 자비가 구족하신 분이시다. 즉 이(理)와 사(事)가 동시에 원만하신 것이다.

이러한 관세음보살에게 귀의하고 예배함은 당연한 일이다.

필자에게도 관세음보살의 인연은 전생으로부터의 필연인지, 선재동자가 관세음보살에게 가르침을 구하듯이 항상 귀의하고 예배하였던 것이다. 또 관세음보살님은 힘들고 어려울 때마다 응화신으로 나타나셔서 힘과 용기를 북돋아 주시니 친구이자 스승이요 어머니이시다.

당신의 하염없이 큰 은혜 무엇으로 갚으오리까?
내 몸의 골수를 뽑아 당신을 찬탄하는 글을 지어오리까?
당신의 거룩한 도량을 건립하여 보살사상을 심으오리까?
아니면 온 중생이 당신을 부르는 관음염불 운동을 펼치오
리까?
나무관세음보살마하살.

깨 달 음

십여 년 전의 일이었다. 나는 막다른 길에 서 있었다. 몸은 돌보지 않아 허약했고, 머리와 마음은 무겁고 답답했다.

공부를 이루는 것이 나를 살리는 길이었다. 마음속의 번민은 끊이지 않았고 경전과 어록을 보면서 관음염불에 대한 확신을 얻었다. 오로지 한 생각 깨쳐 중생을 제도하는 상상 속에 늘 사로잡혀 있었다.

월악산 한 암자에서 나는 정진하고 있었다. 암자는 가난했고, 주지스님과 대중들은 순수한 분들이었다. 거기서 공양주 하고 사중 일을 보면서 정진하였다. 얼마 지나지 않아서 그전에 잃어버렸던 빛도 찾았지 슬픔도 모르고 기쁨도 몰랐지 그저 관세음염불에만 힘썼지.

할 줄 모르는 공양을 지어 대중에게 올리니 대중은 맛있다고 잘 드셔서 고맙고, 그래! 모든 일은 믿음과 자비한 마음으로 대할 때 무엇이든지 만들어 낼 수 있는 거야?

사중 일이 힘들었는지 정진이 힘에 부쳤는지 심한 몸살이 찾아왔지. 주지스님은 정진을 줄이라고 하셨는데 나는 그렇게 할 수 없었지. 법당에서 쓰러졌다 일어났다, 정신은 없고 몸은 불덩이고 비몽사몽 중에 큰 달을 들고서 나를 비추어 주는 사람…….

얼마나 서러웠던지 대성통곡의 참회 눈물을 흘렸고 마음은 시원하고 아름다웠지. 얼마 지나지 않아서 몸은 나았고, 신도들은 관음염불소리에 스스로 호미 들고 낫 들고 도량을 가꾼다고 부산스러웠지. 관세음보살이 입과 마음에서 떠나지 않아 부드럽고 깨끗했었고 꿈속에서도 부르는 소리 관세음보살이여…….

그렇게 시간이 흘러 세상이 아름답게 보이는 법열이 찾아와 모든 일이 기뻤지. 법당 안은 고요했고 끊임없이 관세음보살을 염했지. 문득 한 생각 돌이켜 회광반조(廻光返照)를 하니 내가 관음일세! 깜짝 놀라서 밖으로 나오니 세상사 모든 일이 한 줄기 바람 속으로 빨려 들어

가는 거였지.

　소식은 그렇고, 전생부터 익혀 온 번뇌와 업장은 쉽게 없어지지 않았지. 바랑을 메고 다시 나의 고향 보리암으로 돌아가 마지막을 해결하려 했지. 벽에서 동자승이 나와 삼배하고 생각이 뚝 하고 끊어지고 꽝 하고 터졌는데……. 아까울세라 명안종사(明眼宗師)를 찾아서 옳고 그름을 알아야 하는데, 토굴 속으로 들어가 은둔하려고 했으니…….

관세음보살을 끊임없이 칭명하며
회광반조를 하니 내가 관음일세!
마음을 일으키면 만법이 생하고
마음이 멸하면 만법이 멸함을
바람 속에 묻어 두니
일면불(日面佛) 월면불(月面佛)

내 안의 관음을 발현하라

　보리암 법당 벽화에는 관세음보살님이 염주를 들고 계신다. 관세음보살이 왜 염주인가 하고 의아해하시는 분도 계실 것이다. 이것은 관세음보살님이 자기관음(自己觀音)을 하시는 것이다.

　자성관음(自性觀音), 자기관음이라고도 하며, 이것은 관음기도, 관음염불, 관음수행의 백미이다.

　『능엄경』에서는 관세음보살이 "저는 듣는 것을 관(觀)하는 것이 시방에 둥글고 밝기 때문에 관세음의 이름이 시방세계에 두루 퍼지게 되었습니다." 또 문수보살이 관세음보살을 찬탄하기를 "고통을 여의어 해탈을 얻게 하니 훌륭하구나! 관세음이여! 항하의 모래수와 같이 오랜 겁동안 미진의 불국토에 들어가서 대자재력을 얻고, 중생에게 편안함을 베풀어 묘음(妙音)과 관세음(觀世音)과 범음(梵音)과 해조음(海潮音)으로 구제하여 모두 편안케 하며 출세간과 세간에 항상 머물러 있습니다.”라고 하였다.

관세음보살을 열심히 부르다 보면 내가 부르는 소리와 다른 사람이 부르는 소리가 눈과 마음으로 관해진다. 이런 현상은 오온이 오지(五智)로 뒤바뀌게 되어 일체 고난을 초월하는 것이다.

이것이 내 안의 관음이 나타난 것이다. 자신의 관음과 진리에 대한 대화도 나눌 수 있고, 타인의 소리를 들어서 고통의 소리, 즐거운 소리, 슬픈 소리, 세상의 잡다한 소리를 모두 마음으로 들을수가 있는 것이다.

이렇게 되면 시방법계의 관음과 내 안의 관음이 연결되어 항상 마음이 여여(如如)하여 관세음의 울타리 안에서 노닐다가 인연 있는 중생을 제도하고 아이들을 교화할 땐 아이의 마음으로, 여자를 교화할 땐 여자의 마음으로, 남자를 교화할 땐 남자의 마음으로 제도하고, 노인은 노인의 마음으로 교화하는 것이다.

세상은 관음의 화신

백의관음무설설 남순동자불문문 병상녹양삼제하 암전
취죽시방춘

(白衣觀音無說說 南巡童子不門門 瓶上綠楊三際夏
巖前翠竹十方春)

백의관음은 말씀 없이 설하고, 남순동자는 들음 없이
듣는구나! 병 위의 푸른 버드나무는 과거 현재 미래가
여름이고, 바위 앞의 비취대나무는 시방이 봄이더라!

세존이 세 곳에서 가섭존자에게 정법안장(正法眼藏)
열반묘심(涅槃妙心)을 전했는데, 여기서는 관세음보살이
남순동자에게 이심전심의 마음을 전하는 게송이며, 관세

음보살을 찬탄하는 게송이다.

부처님이나 대보살님들은 법을 전할 때 말로써 전하지 않는다. 진리는 말에서 벗어났기 때문이다. 말없이 전할 때 알아들을 수 있는 마음의 눈이 열려 있으면 이심전심이 이루어지는 것이다.

석가모니부처님이 영취산에서 대중들에게 법회를 열었다. 그때 대범천이 꽃 공양을 올렸는데 부처님은 꽃 한 송이를 들어 대중들에게 보여 주었다. 대중들은 무슨 뜻인지 몰라 어리둥절하고 있는데 대중 중에 가섭존자만이 빙그레 미소 지었다. 이것을 염화미소라고 하고, 화두로도 사용하고 있다.

대범천이 공양한 꽃이 우리가 알고 있는 들국화나 장미 같은 그런 꽃이었겠는가? 우리가 집착과 분별로써 세상을 바라보아서 그렇지 집착과 분별을 여의고서 허공이 꽝 하고 무너져 내리면 어떻겠는가?

이 세상이 빛과 보석으로 가득 차서 중중무진의 세계, 하나로 융합된 세계를 볼 수 있을 것이다. 이것들을 보고 어찌 환희하고, 행복하며, 찬탄하지 않을 수 있겠는가?

여름의 푸른 버드나무처럼 생기 넘치고, 봄의 대나무처럼 싱그러운 빛과 보석들이 삼세와 시방에 즉 시간과 공간에 꽉 차 있다는 것이다.

이런 도리를 알 때 이 세상과 우주는 관음의 화신임을
알 것이다.

아름다운 관세음보살

어떤 분이 관세음보살님이 여자인가 남자인가 하고 물은 적이 있었다. 관세음보살 모습이 여성스러워서 궁금할 만도 하다. 필자가 만난 관세음보살님도 항상 여자의 모습으로 나타나시어 싱그럽고 맑은 웃음을 나에게 선사하셨다. 또 어떤 이는 관세음보살은 남자도 여자도 아닌 중성이라고 말하는 분도 계신다.

관세음보살은 여자일 수도 있고, 남자일 수도 있으며, 중성일 수도 있다. 또 그렇지 않을 수도 있다. 관세음보살님은 우리 중생의 근기에 따라서, 중생들을 위해서 모습을 변화하셔서 여자·남자·동자 등의 많은 모습으로 나타나신다. 그러나 관음진신(觀音眞身)은 성(性)적인 모습과 분별의 모습이 없다.

『관무량수경』에는 관세음보살의 아름다운 모습에 대해서 나와 있다.

"이 보살의 몸 크기는 팔십만 억 나유타 유순(那由他: 천억, 由旬: 400리)으로 몸은 자금색이며, 정상에 육계가 있고 머리에 원광이 있다. 원광 중에 오 백의 화불이 있고, 석가모니불과 같이 하나하나의 화불에 오 백의 화보살이 있으며, 무량재천이 시자가 되어 몸의 광명 가운데, 5도중생, 일체식상 모두가 그 속에 나타난다. 정상의 비능가(毘楞伽) 마니보를 천관으로 한다. 그 천관 중에 한 입불이 있고 높이가 25유순이다. 관세음보살의 얼굴색은 염부단금의 색과 같다."

"아름다운 관세음보살님.

당신은 자비로운 용모가 매우 미묘하시고, 인자하신 서원 깊으시다. 항상 적정삼매에 드시어 백화도량을 여의지 않아 시방세계에 두루 응하사 관음염불 일구에 고난과 고통을 건져 주시고 깨달음의 길로 인도해 주십니다.

이제 우리들이 당신을 사모하는 마음이 깊어 이곳 길동에서 관음선원을 개원하여 개인과 사부대중 그리고 모

든 중생의 행복과 소원성취를 위하여 천 일 관음기도를
올립니다.

지심으로 간절히 참회하옵나니. 우리들의 거룩한 의지
처이신 정법명왕 관세음께서는 큰 원과 큰 지혜 그리고
큰 사랑 널리 펴시어 길이길이 고통에서 구해 주시고,
우리의 원력을 받아 주시옵소서.

원컨대 천안통으로 저희 정성 멀리서 증명하시어 이
기도로써 온갖 복덕과 공덕 그리고 지혜 쌓는 인연을 맺
게 하소서.

원컨대 숙명통으로 모든 중생을 섭수할 수 있는 거룩
한 도량의 인연을 맺게 하소서.

우리들의 발원이 다할 때까지 당신과 세세생생 같이할
것이오니 우리들을 섭수하여 주소서, 우리들을 섭수하여
주소서, 우리들을 섭수하여 주소서.

나무관세음보살 마하살."

이 시대에 왜 관음염불이 맞는가

불교에는 많은 부처님과 보살님들이 계신다. 소승불교에서 부처님은 법을 설하는 부처님이시다. 단지 법을 설하는 것을 중요시했기 때문에 설법자로서의 부처님이시지, 부처님의 몸에 대해선 발전하지 못했다.

대승불교에서는 구제자로서의 부처님이 필요했기에, 구제력이 어디에서 생겼는지, 어떻게 구제하는지 등의 문제를 다뤘다. 그렇기에 대승불교에서는 부처님의 모습과 보신불에 대한 연구가 많이 발선하였다.

중생이 원력을 세워 많은 세월을 정진하고, 그 수행의 과보로서의 부처님, 그 대표적인 부처님이 아미타불이시다.

그렇다. 대승불교의 불·보살님은 그 구제의 능력과 특징에 따라 나누어진다. 대지혜(大智慧)의 문수보살, 대행(大行)의 보현보살, 대자대비(大慈大悲)의 관세음보살, 대원(大願)의 지장보살이다.

그렇다고 관세음보살이 큰 원력이 없으신 것이 아니고, 지장보살이 대자비가 없으신 것이 아니라 그 구제의 특징이 다르다는 것이다.

현재의 시대는 끊임없이 변화하는 시대이다. 어제의 기술과 정보는 이미 가치가 떨어진다. 그 변화에 발맞추고 시대를 이끌어 갈 수행이 관세음보살염불이다. 관세음보살염불은 자비와 지혜의 구족과 청정한 원력을 성취하기 좋은 수행이다. 세계의 관음도량을 보라. 항상 깨끗하고 단정하여 활기 넘치고 큰 원력으로 세상을 바라보며, 복과 덕으로 세상을 이끌어 가지 않는가?

『관음경』 앞부분에는 불·물·바람의 재앙과 흉기와 악귀 등의 모든 재난을 벗어나는 길이 관세음보살 명호를 부르라는 것이다. 그러면 재앙과 재난의 고통에서 벗어난다고 하였다. 요즘시대는 한 치의 앞날을 모르는 시대이다. 큰 지진, 큰 해일이 지구에 쉴 사이 없이 찾아온다.

또 사회는 어떠한가? 자신만의 세상에 갇힌 사람들이 성폭력을 쉽게 생각하고, 아무런 이유 없이 저지르는 문지 마 살인, 세월이 가면 갈수록 점점 사라지는 따뜻한 인정, 그러나 관세음을 부름으로 해서 모든 고통과 재앙과 재난은 멀어지고, 따뜻하고 아름다운 마음을 가진 사람이 되어 세상을 이끌어 가는 것이다.

평안북도 묘향산의 금선대 아래 희천곡 마을에 사는 안진홍은 금선대 절에 다니는 독실한 신도였는데, 직업이 사냥을 하여 살아가는 사냥꾼이다. 그래서 스님에세 수차에 걸쳐 직업을 바꿀 것을 권유받았다.

"부처님을 믿는 신도는 살생죄를 범하면 안 됩니다."

그러나 안진홍은 생활의 터전을 쉽게 바꿀 수 없어서 사냥을 계속하였다. 어느 날 안진홍은 묘향산 속 깊이 들어가서 토끼·꿩 등을 잡으려고 사방으로 다니다가 어느 절벽 중턱에 매가 새끼를 품고 있는 것을 발견하였다. 안진홍은 그 매를 잡으려고 천 길이나 되는 절벽을 매를 잡겠다는 일념으로 관음경을 외우면서 살금살금 한 발 한 발 내려가다가 그만 헛발을 디뎌 낭떠러지에 떨어지고 말았다. 떨어지는 순간에도 머리를 스치는 생각이 "관세음보살을 외우면 어떠한 위험에서도 그 위험함을 벗어나거나 줄일 수 있다." 하시던 스님의 말씀이 기억나서 위급한 상황에도 평소에 지극정성으로 외우던 관세음보살을 외웠다.

어렴풋이 정신을 차려 보니 다행스럽게도 몸은 절벽 사이에 있던 한 그루의 소나무 가지에 걸려 있었다. 위로 바라보니 천 길이나 되는 아득한 절벽이고, 아래로 내려다봐도 아득한 낭떠러지였다. 그래서 위로 올라갈 수도 없고 아래로 내려갈 수도 없었다. 할 수 없이 이제는 죽었구나 생각하고 마지막으로 부처님의 무한한 가피를 입기 위해 평소에 외웠던 관세음보살을 목이 터져라 외웠다. 얼마나 외웠는지 목은 마르고, 몸은 불같이 달아오르는데 잠깐 쉬는 순간 어디서 이상한 소리가 들려왔다. 소리가 들리는 쪽으로 내려다보니 멍석을 말아 놓은 것처럼 큰 뱀이 쉬- 소리를 내고 혀를 날름거리면서 나무에 걸려 있는 안진홍을 향해 기어 올라오고 있었다.

안진홍은 말했다.

"이제는 죽었구나. 저 뱀이 굶주린 배에 사람의 냄새를 맡고 밥을 찾아 올라오니, 이제는 꼼짝없이 죽고 말았구나." 하고 체념하듯 그저 일념으로 관세음보살만을 부르고 있었다.

그런데 이 큰 뱀은 기어 올라와서도 사람을 해치려고도 하지 않고 기어오르기만 하였다. 안진홍은 문득 주머니에 넣어 두었던 칼이 생각나서 칼을 꺼내서 기어 올라가는 뱀의 등에 꽂았다. 그리고 안진홍은 칼자루를 잡고 뱀의 등에 올라탔다. 그래도 뱀은 머리를 들고 한 번 뒤로 돌아볼 뿐 사람을 해치려고 하지 않았다.

안진홍이 뱀 등을 타고 절벽 위에까지 올라가서 칼을 힘껏 빼려고 하였으나 얼마나 깊이 박혔는지 빠지지 않아 칼을 빼지 못했다. 그러나 뱀은 사람을 해치지도 않고 슬금슬금 기어 도망쳐 사라졌다. 안진홍은 하도 이상해서 '세상에 참 별난 일도 다 있구나!' 생각하고 합장하여 몇 번이고 관세음보살이라 부르면서 고개 숙여 무사함을 감사했다.

안진홍은 집에 돌아와서 그날 있었던 일을 집안 식구들에게 상세히 말하고, 관세음보살의 가피력일 것이라고 입을 모아 이야기하고 잠을 잤다.

이튿날 아침에도 다른 날과 똑같이 세수를 하고 향을 사른 후에 『관음경』을 외우려고 『관음경』 책장을 넘기니, 뜻밖에도 자기가 어제 산에서 뱀 등에 꼽았던 칼이 『관음경』 책 중간의 게송부분인 "홍서심여해(弘誓深如海)"라는 구절에 꽂혀 있었다. 안진홍은 또 한 번 크게 놀랐다. 낭떠러지 절벽에 내려가면서 『관음경』을 외우다가 떨어지는 순간 '홍서심여해'까지 외우다가 떨어졌다.

이와 같이 말로써 형용할 수 없는 묘한 관세음보살의 위신력을 보고 놀라지 않을 수 없었다. 관세음보살이 변

하여 뱀이 되었는지, 『관음경』이 변하여 뱀이 되었는지
알 수 없는 일이다.

꽃피니 열매 맺네

반야심경의 주인공

대승의 삼부경 하면 『화엄경』·『법화경』·『반야경』을 친다.

화엄경은 보살의 자비실천에 중점을 둔 경전이고, 법화경은 부처님의 위신력에, 반야경은 깨달음 그 자체에 중점을 둔 경전이다. 그래서 반야경은 모든 법이 공하다는 공성(空性)을 나타낸다.

공의 성품이 무엇인가? 텅 빈 것이 공성이다. 물의 성품은 습하고, 불의 성품은 뜨겁고, 사람은 맑고 밝은 것이 사람의 성품이다.

반야경은 그 특성상 여러 가지가 있다. 우리들은 그걸

600부 반야경이라 한다. 우리들이 잘 알고 있는 반야심경·금강경·문수반야경 등 많은 종류의 반야경이 있다. 부처님은 이 반야부 경전을 무려 이십일 년 동안 설하셨는데 그만큼 중요한 경전이다.

이 반야심경은 모든 불교행사나 의식 때, 공양을 할 때도 종파를 초월해서 빠지지 않고 독송하는 경전이며, 반야의 골수만을 모은 경전인 것이다.

비록 270자의 짧은 경전이지만 그 내용은 깊은 뜻이 함축되어 있고, 불교의 정수, 불교의 핵심사상이 들어 있다. 그래서 불교를 이해하는 데 중요한 경전이다.

그 내용은 대승의 선두주자인 관세음보살이 소승의 지혜제일의 사라자에게 공성과 공상과 그리고 공의효과에 대하여 가르치는 것이다. 반야심경의 주인공 관세음보살은 지혜의 완성자이기 때문이다. 반야사상과 관세음보살과는 아주 밀접한 관계가 있다.

반야에 의해 공이 나타나고 공에 의해서 자비가 드러난다. 이 반야를 얻었을 때 이 세상 모든 존재를 공으로 보는 것이다. 공에 대한 완전한 설명과 이해는 어려운 것이다. 공이 텅 빈 것이라고 해서 아무것도 없는 것은 아니다. 그렇다고 있는 것도 아니다. 진공묘유(眞空妙有) 참된 공에는 묘한 것이 있는 것이다.

대학원 발표수업 때 한 학인이 진공묘유에 대해서 자신의 견해를 이야기했는데, 그 말이 걸작이었다. 말인즉 진공묘유는 말만 거창하고 실속은 없다는 것이다.

이 진공묘유는 실제로 깊은 수행을 해서 공을 느끼고 공을 체험했을 때 이해할 수 있는 단어이다.

몇 년 전 학계에 진공에너지에 대한 연구가 최종 발표되면서, 현대우주론이 고쳐졌다. 우주에는 두 가지 기적이 있다고 한다. 150억 년 전 우주의 탄생과 35억 년 전의 생명체 발생이다.

과학자들은 이 우주의 진공을 절대진공이라 생각했다. 그러나 어느 정도의 에너지를 담고 있는 진공이며, 이 진공이 공간을 밀어내는 힘으로 우주가 앞으로 무한히 팽창할 전망이라고 한다.

고무풍선 위에 개미 두 마리가 있을 때 풍선을 불면 개미들의 거리가 멀어지는 것처럼 우주 공간이 팽창하기 때문에 우리가 사는 은하계와 다른 은하계의 거리가 점점 멀어진다는 것이다.

우주에는 1,250억 개의 은하계가 있고, 하나의 은하계에는 평균 1,000억 개의 별이 있다고 한다. 그러나 우주 공간은 거의 비어 있는 것이나 마찬가지다. 우주는 빅뱅(초폭발)에 의해서 탄생했다. 아무것도 없는 무에서 시작된 것이다.

양자론에 따르면 모든 것이 요동을 친다고 한다. 원자나 전자는 물론이고 진공도 요동을 하는데, 진공이 요동을 치면서 에너지가 생겨나 우주가 탄생했다고 한다.

우주를 구성하는 물질 중 눈으로 볼 수 있는 것은 1% 이내이고, 양자, 중성자를 합쳐도 10%를 넘지 못한다. 2년 전까지만 해도 나머지 90%는 우리가 모르는 물질로 암흑물질이라고 불렀다.

최근 진공에너지의 존재가 밝혀지면서, 우주의 구성은 다르게 설명된다. 빛을 내지 않는 암흑물질까지 합쳐도 물질은 35%밖에 안 된다. 알지 못하는 65%는 물질은 아닌데 에너지가 있다. 바로 알 수 없는 거대한 힘인 진공에너지인 것이다. 이 진공에너지가 공간을 밀어내서 우주가 넓어지는 것이다. 앞으로 우주가 몇십억 년쯤 지나면 진공에너지의 비율이 점점 커지면서 우주의 공간이 커져서 우주를 관측할 수 없다는 것이다. 그러니까 망원경을 들고 하늘을 봐도 별이 하나도 안 보이는 것이다.

또 인간이 몇십억 년 전에 태어났다면 우주 공간이 너무 작아서 우주를 볼 수 없는 사태가 생겼을 거라고 한다.

이 순간에 우주를 바라보고 있다는 것은 하나의 기적

이고, 이 순간이 아니면 우주를 바라볼 수 있는 기회조차 인류가 가지지 못했을 것이라 한다.

진공 이것은 원래 아무것도 없는 공간이어야 한다. 그런데 현대물리학 이론에 따르면 완전한 진공에서도 에너지가 존재하며, 원자보다도 훨씬 작은 차원에서 보면 이상한 현상이 일어난다고 한다. 진공에너지에 의해 극히 짧은 시간에 아무것도 없는 공간으로부터 갑자기 입자가 나타났다가 사라져 버린다고 한다.

나는 이 동영상을 보고 무척 놀랍고 환희로웠다. 내가 겪은 수행 체험이 영상을 통해 나타난 것이다. 작은 빛의 입자가 갑자기 나타났다 사라지는 것이다. 그래서 여러 가지 의문점을 해결하고, 불·보살님들이 시방국토를 다니시는 것이 이 원리구나.

이 후에도 여러 번의 공(空)을 체험하였다.

반야야! 반야야! 나와 같이 놀자
물속에서 나와서 함께 뛰어놀고
산속에서 나와서 달구경 가자꾸나
청정한 하늘에 밝은 빛이 휘날리는구나

마음이 공한 것이 부처요. 마음이 공한 것이 반야요
마음이 공한 것이 지혜요. 마음이 공한 것이 대자비입니다

관세음보살의 인도(引導)로 깨달은 선지식

원효스님

원효대사와 관세음보살과의 인연은 각별하다. 그중에서 경기도 동두천 소요산에서 관세음보살이 인도하여 자유자재함을 얻은 이야기를 소개한다.

원효는 빗방울 떨어지는 소리를 듣고 있었다. 낮부터 내리기 시작한 비는 가늘어지지도 않고 굵어지지도 않았다. 하염없이 내리는 비는 고즈넉한 산사의 밤을 끝없는 적막 속으로 끌어들이고 있었다.

선정삼매로 몰입되는 원효, 경주의 요석공주 생각이

나지 않는 바가 아니었으나 이미 요석은 원효의 마음에 있지 않았다. 의상과 중국 땅으로 구법여행을 가다가 어느 어두운 동굴에서 맛있게 마신 한 바가지의 물, 다음 날 아침 그 물이 해골바가지에 고인 것이었음을 알고는 캑캑 구역질을 해야 했던 원효였다. 그 내장이 쏟아져 나올 것만 같은 구토 속에서 얻은 깨달음 하나, "일체유심조(一切唯心造)"였다.

빗방울은 토굴 밖에서 떨어지고 있었으나 원효의 가슴이 젖고 있었다. 원효의 가슴이 젖음에 온 우주도 축축이 젖어 있었다. 그러나 일체유심조를 생각하는 원효는 원효가 아닐 것이다. 젖은 원효도 원효가 아니고 토굴 안의 원효도 원효가 아닐 것이다. 나는 어디에 있는가?

자신의 진면목을 응시하던 원효는 순간 귀를 의심했다.

"계세요. 안에 누구 계십니까."

깊은 산, 산보다 깊은 밤, 밤보다 깊은 원효의 선정삼매, 그 선정을 깨고 들려오는 것은 여인의 목소리였다.

"이 밤중에 웬 여인인가?"

원효는 혹 잘못 들은 것일 수 있다는 생각을 하고 있었다.

"누구 안 계십니까?"

여인의 목소리가 분명했다. 불을 밝히고 토굴 밖으로

나가 보니 분명한 여인 하나가 온통 젖은 몸을 부들부들 떨며 서 있었다. 순간적인 절박, 방 안으로 들어온 여인은 절박했다.

"산나물을 뜯으러 산에 들었는데 하도 나물이 많기에 정신없이 뜯으며 깊은 산중에까지 저도 모르게 그만……. 그런데 갑자기 비가 와서 돌아가려는데 하산하는 길을 찾을 수가 없었습니다. 날은 저물어 오는데 무섭기도 하고 춥기도 하고 허기도 지고, 고단한 몸으로 이 골짝 저 골짝을 헤매다가 간신히 이곳에까지 오게 되었습니다."

"나무아미타불 관세음보살"

"수도하시는 스님에게 누를 끼치게 되어 죄송합니다. 하오나 젖은 옷을 말려야 하고 배도 고파 뭘 좀 얻어먹을 것이 없을는지요."

원효는 굶주린 여인을 위해 먹을 것을 내주었다. 여인이 식사를 하는 동안 원효는 난감해야 했다. 토굴 하나에 홀로 기거하며 수행하는 처지인데 여인과 하룻밤을 지내지 않으면 안 될 그 실제 상황에 난감하지 않을 수 없었다. 그러나 더욱 난감한 일은 여인이 식사를 마친 뒤에 일어났다.

"옷이 젖어서……."라는 말과 함께 여인이 옷을 벗고

있었던 것이다. 새하얀 여인의 살결, 원효의 가슴은 파도치는 바다였다. 눈을 돌렸다. 아예 감아 버렸다.

수도자 앞에서 그런 행동을 하는 것은 실례가 되는 일이거늘.

"여자를 볼 때 수도자의 눈으로 보면 수도자이고 애욕의 눈으로 보면 시정잡배에 지나지 않겠지요."

싸늘했다. 여인의 한마디에 목젖을 타고 뜨거운 것이 올라왔다. 흠칫 놀란 원효, 그는 '내가 애욕의 눈으로 보았던가.' 속으로 자문하지 않을 수 없었다. 그 싸늘한 한마디에 파도치던 바다는 평온을 찾았고 홑이불에 벗은 몸을 감추고 곤한 잠에 떨어진 여인도 더 이상은 여인이 아니게 보였다. 토굴은 다시 조용했다.

"나무아미타불 관세음보살."

다시 선정삼매, 해골바가지의 물을 마시던 그 갈증과도 같은 구도심은 여인의 존재에 더 이상 집착하지 않았다. 여인이 깊은 밤에 토굴을 찾은 것 자체만으로도 홀로 수행하는 비구에게 큰 유혹이지만 그런 유혹에 흔들릴 원효는 아니었다. 더구나 자신에게 수도자의 청정한 눈을 주문하던 그 강한 여인의 말에 정신을 더욱 가다듬은 원효였다. 원효는 밤이 새도록 좌선을 풀지 않았다.

날이 밝았다. 비도 그쳐 있었다. 토굴 옆 폭포는 우렁차게 쏟아지고 있었다. 찬연한 햇살이 빗방울 맺힌 나뭇잎 끝에서 보석처럼 빛나고 있었다. 이른 아침 밖으로 나온 원효는 그 맑은 폭포로 몸을 던졌다. 온몸이 물이 되는 느낌이었다. 물속의 원효, 밤새 좌선을 했던 몸이 이윽고 풀리고 정신은 햇살보다 맑았다.

"스님, 시원하십니까?"

여인이 나와 있었다. 폭포수 속 알몸의 원효, 바위 등걸에 선 풍만한 여인, 원효는 다시 난감했다. 여인의 눈빛이 예사롭지 않은가 싶은 찰라 원효는 '수도자의 눈에 저것은 여체가 아니고말고!'라며 자신을 단속하고 있었다.

"저도 함께 들어가고 싶어요."

말보다 여인의 몸이 먼저 물속으로 뛰어들었다. 폭포수 떨어지는 소리가 온 산을 뒤덮고 있었다. 햇살에 비치는 여인의 어깨는 한 줌의 보석인 것 같았다. 그러나 원효의 눈에 그 여체는 여체가 아니어야 했다.

"스님……"

은근한 여인의 유혹, 원효는 여인의 유혹을 뿌리쳤다.

심생즉종종법생(心生則種種法生)
심멸즉종종법멸(心滅則種種法滅)
마음이 생(生)한즉 가지가지 법이 생하고
마음이 멸(滅)한즉 온갖 법이 사라지는 것.

원효는 폭포수보다 우렁찬 소리로 여인에게 말했다.

"내 마음이 이미 그대를 여인으로 보지 아니함에 어찌 그대의 유혹이 나를 움직일 수 있겠는가. 나는 이미 마음을 다스리나니, 그리하여 자유자재하게 나를 이끌고 있음이니 이같이 헛된 유혹은 물거품과 같을 뿐."

원효는 자유의 몸에 자재의 마음을 싣고 장쾌한 폭포수 아래 맑은 물을 맞고 있었다. 여인은 우렁찬 원효의 법문을 듣고 홀연히 물 밖으로 나왔다. 원효는 여인을 바라보지 않았다.

그러나 이상한 일이었다. 토굴로 돌아갔거니 생각했던 여인은 흔적이 없었다. 아, 원효는 순간적으로 뇌리를 스치는 여인의 미소를 놓칠 수 없었다. 그가 폭포수 아래서 더 이상 허망한 유혹을 하지 말 것을 당부하며 짧은 법문을 하는 동안 여인이 보여 주었던 미소, 안온한 눈동자와 살포시 움직이며 미소를 내비치던 입술, 관세음보살님, 바로 관세음보살님의 미소였다.

'그럼, 여인으로 나투신 관음께서 나를 시험하신 것이 아닌가.'

원효는 가슴 철렁한 기쁨으로 관세음보살의 명호를 부르고 또 불렀다. 그리고 더욱 큰마음으로 발심 정진할 것을 서원했다. 이 자리에서, 바로 이 폭포 옆에서 무상

대도를 이루고 정토를 일구리라 다짐했다. 원효는 토굴
자리에 절을 짓기로 했다. 그리고 자유자재하게 마음을
한시도 놓치지 않고자 절 이름을 자재암으로 불렀다.

꽃 피 니 열 매 맺 네

의상스님

의상대사가 처음 당나라에서 돌아와 관음보살의 진신이 이 해변 어느 굴 안에서 산다는 말을 듣고, 이곳을 낙산이라고 했으니 서역에 보타낙가산이 있기 때문이다. 이것을 소백화라고도 했는데, 백의대사의 진신이 머물러 있는 곳이므로 이를 빌려 이름 한 것이다.

여기서 의상이 재계한 지 7일 만에 좌구를 새벽 물 위에 띄었더니 천룡팔부(天龍八部)의 시종들이 굴속으로 인도했다. 공중을 향해 참례하니 수정으로 만든 염주 한 꾸러미를 내어 준다. 의상이 받아 가지고 물러나오니, 동해의 용이 또한 여의보주 한 알을 바치자 받아 가지고 나와, 다시 7일 동안 재계하고 나서 백화도량발원문을 지어 바치니 비로소 관음진신을 보았다.

관음보살이 말한다.

"좌상(座上)의 산마루에 한 쌍의 대나무가 솟아날 것이니, 그곳에 불전을 짓는 것이 마땅하다."

대사가 듣고 굴에서 나오니 과연 대나무가 땅에서 솟아 나왔다. 여기에 불전을 짓고 관음상을 만들어 모시니, 둥근 얼굴과 고운 바탕이 마치 천연적으로 생긴 것 같았다. 대나무가 다시 없어졌으므로 그제야 관음진신이 상

주하는 곳임을 알았다. 이로 인하여 그 절 이름을 낙산
사라 하고, 대사는 자기가 받은 두 구슬을 성전에 봉안
하고 그곳을 떠났다.

꽃 피 니 열매 맺네

백화도량발원문(白花道場 發願文)

의상 지음

머리 숙여 귀의합니다.

저의 근본이 되는 스승 관세음보살의 대원경지를 관찰하오며, 또 제자의 성정본각에 계신 근본이 되는 스승께서 수월로 장엄하신 다함이 없는 상호를 관찰하옵고……

또한 제자의 헛된 몸과 유루의 형체 의보(依報)와 정보(正報)·정토(淨土)와 예토(穢土)의 즐거움과 괴로움이 같지 않습니다.

이제 관세음보살님의 거울 속에 있는 제자의 몸으로 제자의 거울 속에 계신 관세음보살님께 귀명정례를 하옵고 진실한 발원의 말씀을 사뢰오니 가피를 내려 주시길 바라옵니다.

오직 원하옵건대 제자는 세세생생에 관세음보살님을 염하며 근본이 되는 스승으로 모시고자 하오니 저 관세음보살님이 아미타부처님을 정대하는 것과 같이 지 제자 역시 관세음보살님을 정대하오니 십원(十願)과 육향(六向), 천수천안과 대자대비는 관세음보살님과 같아지며 몸을 버리고 몸을 받는 이 세상과 저세상 머무르는 곳마다 그림자가 물체를 따르듯이 언제나 설법을 듣고 참된 법을 널리 퍼트리겠습니다.

널리 온 누리의 일체중생으로 하여금 대비주를 외우고 관세음보살님의 이름을 염하게 하여 함께 원통삼매의 성품의 바다에 들게 하며 또한 원하옵나니 제자의 목숨이 다할 때에는 친히 관세음보살님께서 빛을 놓아 맞이해 주시며 모든 두려움을 떠나서 몸과 마음이 쾌활하고 찰나에 백화도량에 왕생하여서 모든 보살과 더불어 정법을 함께 듣고 진리의 흐름에 들어가서 생각생각 더욱 밝아져서 부처님의 무생법인을 깨닫게 하소서.

이미 원을 발하였으므로 관자재보살마하살에게 귀명정례를 합니다.

노힐부득과 달달박박

<백월산양성성도기(白月山兩聖成道記)>에 이렇게 말하였다.

백월산은 신라 구사군의 북쪽에 있었다. 산봉우리는 기이하고 빼어났으며, 수백 리에 뻗쳐 있어 참으로 큰 진산이다. 이 산의 동남쪽 삼천 보쯤 되는 곳에 선천촌이 있었다. 그 마을에는 두 사람이 살고 있었는데 한 사람은 노힐부득이고, 한 사람은 달달박박이다.

두 사람은 풍골이 범상하지 않았고 속세를 초월하는 높은 생각이 있어 서로 잘 지냈다. 20세가 되자 마을 동북쪽 고개 밖에 있는 법적방에 가서 스님이 되었다. 얼마 되지 않아 옛 절이 있는데 그 절에서 정신을 수련할 만하다는 말을 들었다. 그래서 같이 가서 대불전·소불전이라는 마을에서 각각 살았으며, 부득은 회진암에 박박은 유리광사에 거주하였다.

그들은 처자를 데리고 와서 살았는데, 농사를 지으면서 서로 왕래하며 정신을 수련하고 안양하면서도 언제나 속세를 떠날 생각을 버리지 않았다. 어느 날 그들은 신세의 무상함을 느껴 서로 말했다.

"기름진 땅과 풍년 든 해가 진실로 좋지마는 의식이

생각하는 대로 생기고 절로 배부르고 따뜻함을 얻는 것만 못하고, 부녀와 가옥이 참으로 좋지마는 연화장에서 여러 부처님과 함께 놀고 앵무새 공작새와 서로 즐기는 것만 못하네. 하물며 불도를 배우면 마땅히 부처가 되어야 하고, 진을 닦으면 반드시 진을 얻어야 함에 있어서, 지금 우리들은 이미 머리를 깎고 중이 되었으니, 마땅히 몸에 얽매인 것을 벗어 버리고 더할 나위 없는 도를 이루어야지 어찌 풍진에 골몰하여 세속 무리들과 같이 지내서야 되겠는가?"

이들은 인간 세상을 떠나 깊은 골짜기에 숨으려 했다. 박박은 북암(北庵)에 살면서 아미타불을 경례하고 염송하였고, 부득은 남암(南庵)에 살면서 미륵불을 성심껏 구했다.

3년이 못 되어 성덕왕 즉위 8년 4월 8일에 해는 저물어 가는데 나이 20이 가깝고 얼굴이 매우 아름다운 한 낭자가 난향과 사향을 풍기면서 갑자기 북암에 와서 자고 가기를 청하며 글을 지어 바친다.

갈 길 더딘데 해는 떨어져 산은 어둡고
길은 막히고 성은 멀어 인가도 아득하네.
오늘은 이 암자에서 자려 하오니
자비스러운 스님은 노하지 마오.

박박은 말했다. "절은 깨끗해야 하는 것이니 그대가 가까이 올 것이 아니요, 어서 다른 데로 가고 여기에서 지체하지 마시오." 하고는 문을 닫고 들어갔다. 그래서 낭자는 부득이 남암으로 찾아가서 전과 같이 청하니 부득이 물었다.

"그대는 이 밤중에 어디서 왔는가?"

"담연(湛然)함이 태허(太虛)와 같은데, 어찌 오고 가는 것이 있겠습니까?

다만 어진 선비의 바라는 것이 깊고, 덕행이 높다는 말을 듣고 장차 도와서 보리를 이루어 드리려 할 뿐입니다."

그리고는 게송을 지었다.

날은 저물어 깊은 산길에
가도 가도 인가는 보이지 않네.
대나무와 소나무 그늘은 그윽하기만 하고,
시냇가 골짜기의 물소리 더욱 새롭고
길 잃어 잘 곳 찾는 게 아니요,
존사를 인도하려 함이오.
원컨대 내 청 들어만 주시고,
길손이 누구인지 묻지 마오.

부득사는 매우 놀라면서 말하였다.

"이곳은 부녀와 함께 있을 곳이 아니오. 그러나 중생

의 뜻에 따르는 것도 또한 보살행의 하나인데, 더구나 깊은 산골짜기에 날이 어두웠으니 소홀히 대접할 수 있 겠소?"

이에 읍(揖)하고 암자 안에 있게 하였다. 밤이 되자 부 득은 마음을 맑게 하고 지조를 가다듬고, 희미한 등불 벽 밑에서 염불을 쉬지 않았다.

밤이 새려 할 때 낭자는 부득을 불러 말하였다. "내가 불행히도 마침 산기가 있으니 스님께서 짚자리를 준비해 주십시오." 부득이 불쌍히 여겨 거절하지 못하고 은은히 촛불을 비추니 낭자는 이미 해산을 끝내고 또다시 목욕 하기를 청한다. 부득은 부끄러움과 두려움이 마음속에 얽 히었으나 가엾은 마음이 더했으므로 목욕통을 준비해서 낭자를 그 안에 앉히고 물을 끓여 목욕을 시켜 주었다.

통 속의 물에서 향기가 강하게 풍기면서 물이 금액(金液)으로 변했다. 부득이 크게 놀라니 낭자가 "우리 스님 께서도 이 물에 목욕하십시오." 부득은 마지못해 그 말 에 따랐더니 문득 정신이 상쾌해지고 살결이 금빛으로 변했다. 그 옆을 돌아보니 문득 연화대가 생겼다. 낭자는 부득에게 거기 앉기를 권했다.

"나는 관음보살인데 이곳에 와서 대사를 도와 대보리 를 이루도록 한 것입니다."

말을 마치자 보살은 보이지 않았다.

한편, 달달박박은 '부득이 어젯밤에 반드시 계를 더럽혔을 것이니 가서 그를 비웃어 주리라.'고 생각하였다. 가서 보니 부득은 연화대에 앉아 미륵존상이 되어 광명을 내뿜는데 몸은 금빛으로 물들어 있었다. 박박은 자기도 모르게 머리를 숙이고 경례하면서 "어떻게 이렇게 되셨습니까?"고 물으니 부득은 그 사유를 자세히 말하였다. 그러자 박박은 탄식하며 말하기를 "나는 장애가 너무 겹쳐서 부처님을 만나고서도 도리어 만나지 못한 것이 되었습니다. 대덕지인은 나보다 먼저 뜻을 이루었으니 옛날의 교분을 잊지 마시고 나를 도와주십시오."

대덕이 이르기를 "통에 아직 금액이 남아 있으니 목욕할 수 있습니다." 박박이 목욕을 하여 부득과 같이 무량수불이 되어 두 부처가 서로 엄연히 마주 앉았다.

산 아래 마을사람들이 이 소식을 듣고 다투어 와서 우러러보고 감탄하기를 "참으로 드문 일이로다."라고 했다. 두 부처는 그들에게 불법의 요체를 설명하고 나서, 온몸으로 구름을 타고 가 버렸다.

회정스님

보덕굴은 강원도 회양군 내금강면 장연리 금강산 법기봉 중턱 만폭동에 있는 절이다. 627년에 보덕이 수도하기 위하여 자연 굴을 이용해 절을 창건했다. 그 뒤 보덕의 후신인 회정대사가 중창하였다.

회정대사가 이 절을 중창한 데는 기막힌 설화가 전해 내려온다.

금강산 장안사에서 그리 멀리 떨어져 있지 않은 곳에 송라암이라는 조그마한 암자가 하나 있었다. 이 암자에 회정스님이란 분이 주석하면서 기도에 전념했다. 회정은 하루에 4분 정근으로 새벽과 오전과 오후와 저녁 네 때에 걸쳐 관음기도를 봉행하면서, 관세음보살을 친견하고자 하는 원을 세웠다.

그는 열심히 기도했다. 겨울은 추웠지만 여름은 아무리 무더운 삼복 때라도 금강산은 항상 시원했다.

세계 제일의 명산인 만큼 빼어난 기암괴석과 수려한 산수, 자연경관이 주는 환희로움에 저절로 기도가 되는 곳이었다.

회정은 거의 3년이 걸리는 천일기도를 봉행하면서 매일같이 천수대비주를 3백 번씩 봉독했다. 대비주 3백 번

의 봉독이라면 적어도 15시간은 걸리게 마련이다. 그러
니까 회정은 매일 15시간씩 기도를 한 셈이다.

"관세음보살님, 관음진신을 친견하게 하여 주옵소서.
견성하여 성불하려면 관세음보살님의 진신을 친견해야
가능하다고 하기에 저는 이렇게 기도하고 있사옵니다."

그는 천일기도를 회향했다. 그리고 30만 독의 천수대
비주를 봉독하였다.

실로 엄청난 시간을 기도정진에 투자했다. 기도가 끝
나고 나서 지친 몸을 쉬고 있던 중 그는 꿈을 꾸었다.
꿈속에서 그는 어떤 여인을 만났다. 환갑을 넘었을 성싶
은 품위 있는 여인이었다.

"회정스님, 스님이 가장 소원하는 게 무엇이오?"

회정이 대답했다.

"관세음보살님의 진신을 친견하는 것입니다. 제 소원
은 오로지 그것입니다."

"그래요? 그러면 이렇게 하시지요."

"어떻게 말이옵니까?"

"강원도 양구군 방산면의 해명곡으로 가십시오. 거기
에 가면 세 사람을 만나게 될 것입니다. 한 사람은 몰골
옹이고 또 한 사람은 해명방이며 또 다른 한 사람은 여
인으로 보덕 각시라는 낭자일 것입니다. 스님께서는 우

선 물골옹을 찾아뵙고 다음에 그분이 지시하는 대로 하십시오."

"그렇게 되면 관음진신을 뵈올 수가 있겠습니까?"

"시키는 대로만 하면 뵙게 될 것입니다. 어서 떠나시지요."

말을 마치고 문득 자취도 없이 사라졌다. 회정이 놀라 깨고 보니 꿈이었다.

그런데 너무나 선명하여 그는 꿈에 들은 대로 행선지와 만날 사람의 이름을 종이에 기록했다. 그는 바랑을 챙겼다. 발우와 가사, 그리고 필요한 물품들을 챙겨 넣고 송라암을 떠나 양구군을 찾았다.

회정은 양구군에 들어가 다시 방산면을 물었다. 사람들은 쉽게 가르쳐 주었다. 방산면에 도착하여 그 마을 사람들에게 해명곡을 물었다.

"실례지만 말씀 좀 묻겠습니다."

지나가던 촌로가 멈춰 서서 말했다.

"말씀하십시오. 아마 초행이신가 보지요? 어디를 찾으시는데요?"

"예, 해명곡이란 골짜기를 찾습니다."

"해명곡이라! 굉장히 깊은 산골인데 가실 수 있으시겠습니까?

혼자서 가시는 것은 아무래도 좀 위험한데요.”

“워낙 산중에 오래 살다 보니 이제는 이력이 나서 혼자서도 잘 다닙니다.

가르쳐만 주십시오, 처사님.”

촌로는 손을 들어 해명곡이 있다는 곳을 가리켰다.

먼 데서 봐도 엄청난 산골이라는 것을 알 수 있었다.

역시 금강산이었다. 구름이 산허리를 감돌며 유유자적하고 있었다.

촌로는 걱정이 되는지 회정에게 말했다.

“아무리 스님이시기로, 거기는 사람이 살지 않는 곳인데다 산짐승들이 대낮에도 활보하는 엄청난 산골입니다. 그리고 예비 식량이 넉넉하신가 모르겠네요.”

“설마 산 입에 거미줄이야 치겠습니까? 나는 수도자니 부처님이 돌보아 주시겠지요.”

“듣고 보니 스님 말씀도 일리가 있군요. 하여간 이 길로 곧장 가십시오.”

회정은 길을 재촉했다. 아침에 송라암을 출발했는데 벌써 석양이 산마루에 걸리고 있었다. 이제 금방 어두워질 것이었다.

한참을 걸어 올라가니 그 깊은 산중에 오막살이 한 채

가 오뚝하니 앉아 있었다. 이미 땅거미가 어둠 속을 스멀거리며 기어 다니고 있었다. 서늘한 바람이 회정의 볼을 간질였다.

"계십니까? 객 문안입니다."

집 뒤편에서 웬 노인 한 분이 꾸부정하니 허리를 굽히고 나오며 물었다.

"뉘신데 이 밤에 오셨습니까?"

"예, 금강산 송라암에서 기도하던 회정이라는 중입니다. 날이 저물어 하룻밤 신세를 지고 갔으면 합니다만 가능하시겠는지요?"

"방이 한 칸밖에 없어서 그렇소만, 이 늙은이 하고 같이 잘 용의만 있으시다면 그렇게 하시구려. 자, 어서 들어갑시다. 방이 워낙 누추해 놔서……."

노인은 회정의 등을 밀며 방으로 들어갔다. 저녁 군불을 지폈는지 방바닥이 따스했다. 매캐한 연기도 방 안을 수런거렸다. 노인이 말을 걸었다.

"그래, 어쩌다 예까지 오셨소? 그리고 어디로 가시는 스님이시오?"

회정은 자초지종을 얘기했다.

송라암에서 천일기도를 봉행한 일이며, 관음진신을 친견하고 싶다는 말이며, 꿈속에서 어떤 귀부인이 해명곡의 몰골옹과 해명방을 찾아가라고 한 말들을 모두 털어 놓았다.

"몰골옹이라! 내가 바로 몰골옹이올시다."

회정은 노인이 그가 찾던 분 가운데 한 분인 몰골옹이라는 데 깜짝 놀랐다.

"아, 그러하십니까? 초면에 인사부터 드리겠습니다."

회정은 일어서서 큰절을 올렸다. 노인이 맞절로 받았다.

노인의 허연 머리카락과 가슴까지 내려오는 흰 수염은 아름답긴 했으나 노인의 풍채를 오히려 이상하게 만들었다. 왜소한 키와 땟국이 줄줄 흐르는 옷, 얼굴에 얼룩진 콧물과 눈곱 때문이었다. 다만 흰 머리카락과 허연 수염만이 자랑할 만할 뿐, 어디 하나 존경할 만한 구석이라곤 없었다.

오히려 머리카락과 수염도 불결해 보였다. 노인은 회정의 마음을 간파하기라도 한 듯 말했다.

『금강경』에 보면 부처님께서 다음과 같은 시로써 노래하신 것이 있지요.

> 만일 모양으로 나를 보거나
> 음성으로써 나를 찾으려 하면
> 이 사람은 삿된 도를 행하는 자라
> 마침내 여래는 보지 못하리라.

그런데도 요즈음 사람들은 겉모습만으로 상대를 판단하려는 경향이 있지요."

회정은 뜨끔했다. 뭔가를 훔쳐 먹다 들킨 기분이었다. 회정은 잠자코 노인을 바라보았다. 아무리 봐도 영 마음이 내키지 않는 노인이었다. 도저히 곱게 보아지지가 않았다.

"관음진신을 친견하고 싶다고 했소?"

느닷없이 물어 오는 노인의 말에 회정은 정신이 퍼뜩 들었다. 그는 얼버무리며 대답했다.

"그렇습니다, 노인장. 노인장께서 어리석은 사람을 위해 좋은 가르침을 주십시오. 관음진신을 친견하고 싶습니다."

회정은 자신의 생각과는 달리 공손하게 말하는 자신을 대견스럽게 여겼다.

"관음진신을 친견하려면 나와 해명방을 찾으라고 했지요? 그 부인이 가르쳐 주긴 바로 가르쳐 주었구먼. 그나저나 해명방을 만나려면 내가 살고 있는 이 오두막 맞은편 산을 넘어가야 하오, 하여간 오늘은 너무 늦었으니 쉬고 내일 가도록 하시구려. 아, 참! 회정스님이라고 하셨지요?"

"네, 그렇습니다. 회정입니다."

“아이고! 내 정신 좀 봐. 스님께서는 아직 저녁공양 전이시겠구려?”

회정은 노인의 물음이 너무나 반가웠다.

차마 꺼내지 못하고 있던 말을 노인이 물어 주니 다행이다 싶었다.

“부끄러운 말씀이오나 아직 아무것도 먹지 못했습니다. 송라암을 떠난 뒤로는요. 뭐 먹을 것이 좀 있을는지요. 있으면 제가 손수 찾아 먹겠습니다.”

“아이고, 손님이신데. 내가 찾아올 테니 가만히 계십시오.”

노인이 부엌으로 나가고 회정이 혼자 방에 남았다. 벽이고 천장이고 온통 지저분하기 짝이 없었다. 어둠침침한 등잔불이 방 안을 더욱 칙칙하게 만들었다. 금방이라도 바퀴벌레나 거미가 기어 나올 것 같았다.

잠시 있으려니 노인이 도토리묵을 깨진 바가지에 담아 가지고 들어왔다.

손때와 세월의 이끼로 실밥이 이미 새까맣게 되어 버린 그런 바가지였다.

배는 고프면서도 막상 달려들어 먹고 싶지가 않았다.

회정이 멍하니 앉아 있으니 노인이 도토리묵 바가지를 들며 말했다.

“저녁을 자신 게로군. 그럼 내일 아침에 드시도록 하

시오.”

“아, 아닙니다. 몰골옹 어른. 아주 맛있어 뵈는데요. 지금 먹겠습니다.”

도토리묵을 입에 넣어 보니 바가지보다 도토리묵 맛이었다. 참으로 향긋한 음식이었다. 회정은 마파람에 게 눈 감추듯 도토리묵 한 바가지를 뚝딱 먹어 치웠다. 회정이 먹는 모습을 바라보던 노인도 흐뭇한 표정을 지었다. 노인이 말했다.

“자, 그럼. 이제 그만 주무시지요.”

회정은 잠자리에 누웠다. 지친 몸이어서 금방 곯아떨어졌다.

다음 날 날이 밝았다. 몰골옹은 벌써 일어났는지, 밖에서 군불을 지피고 도토리묵을 만들고 있었다. 부엌 뒤꼍에 보니 패다 만 장작이 있었다.

“어디 한번 몸이나 풀어 볼까.”

회정은 저고리를 벗고는 장작을 패기 시작했다.

삼십 대 초반의 건장함을 노인 앞에서 뽐내 보고도 싶었다.

그가 송라암에서 해 온 솜씨대로 도끼날이 모탕에 떨어지는 순간 이미 장작은 두 조각으로 튕겨져 나갔다. 특히 굴참나무는 도끼발을 잘 받았다.

"어휴, 젊은 스님이 장작을 패시는구려. 이제 그만 들어와 공양이나 하오."

언제 왔는지 노인이 세숫대야에 물을 담아다 놓고 식사하라고 했다.

회정은 세수를 하고 수건으로 물기를 훔친 후 상 앞에 앉았다. 식단이라곤 여전히 도토리묵에 간장을 얹은 것이 고작이었다. 그래도 땀을 흘린 탓인지 맛이 좋았다. 몰골옹이 다짐하듯 물었다.

"해명방을 찾으신다 했소?"

노인의 물음에는 이미 알고 있는 내용을 확인한다는 뜻이 들어 있었다.

"해명방을 찾으려거든 저기 보이는 앞산을 넘어 한 십 리쯤 가면 또 하나의 깊은 골짜기가 있을 것이오. 거기서 왼쪽으로 길을 잡아 조금만 들어가면 조그마한 초막이 있소. 거기에 해명방이 살고 있소."

회정은 아침 공양을 끝내고 노인이 가르쳐 준 대로 앞산을 넘었다. 금강산은 천하의 절승이었다. 바위의 생김새가 보는 이의 시각에 따라 달리 보였다. 곰처럼 생겼다 하고 보면 영락없는 곰이고, 사자처럼 생겼다 하고 보면 틀림없이 사자처럼 보였으며, 두루미처럼 생겼다 하고 보면 그것은 분명 두루미의 모습이었다. 이처럼 같은 바위를 놓고도 어떻게 생각하고 보느냐에 따라 바위는 곰도 되고 사자도 되고 두루미도 되었다. 금강산의 기암들이 모두 그랬다.

늦가을로 접어드는 금강산은 풍악산에서 개골산으로 점점 탈을 바꾸고 있었다. 풍악산은 단풍이 들어 온 산이 춤을 추고 있는 모습이라면 개골산은 단풍이 지고 기암괴석이 그 본래의 형태를 드러낼 것이었다. 어떤 모습이든 금강산은 이래저래 좋은 산이요 아름다운 산이었다.

한참을 걸어 들어가니 숲 사이로 초막이 한 채 아스라이 보였다. 집 뒤 봉우리에는 흰 구름이 층을 이루어 띠를 두르고 있었고 어디서부터 시작한 것인지 개울물이 제법 세차게 쏟아져 내렸다.

봄은 봉래산이요 여름은 금강산이며, 가을은 풍악산이요, 겨울은 개골산이라 하여 봉래산과 풍악산을 제일로 친다지만 회정의 눈에는 금강산도 좋고 개골산도 좋은 듯싶었다.

"계십니까? 주인장 계십니까?"

초막 안에서 목소리가 새어 나왔다. 가녀린 여인의 음성이었다.

"뉘신지요?"

"금강산 송라암에서 온 회정이라 하는 운수올시다. 여

기가 해명방 어른 댁이 맞습니까?”

그제야 문이 열리며 묘령의 낭자가 모습을 드러냈다. 회정은 그녀를 보고 너무나 아름다운 모습에 그만 현기증을 일으켰다.

“그렇습니다만 어인 일인지요?”

회정은 여인에게 도취되어 여인의 음성을 제대로 듣지 못했다.

“예, 예? 방금 뭐라 하셨는지요?”

“여기가 해명방 어른 댁이 맞습니다. 한데 지금은 산에 땔나무를 구하러 가시고 안 계시는데요. 이를 어쩌지요?”

회정은 겨우 정신을 차렸다.

“아! 괜찮습니다. 기다리지요, 뭐.”

회정은 봉당에 앉아 앞산을 바라보았다.

맞은편에 우뚝 솟은 봉우리 위로 흰 구름 한 떼가 머물러 있었다. 여인이 뒤에서 말했다.

“방으로 들어오시지요. 봉당에 앉아 계시니 제가 괜스레 미안합니다.”

“괜찮습니다. 그런데 해명방 어른하고는 어떻게 되는 사이십니까? 그리고 언제쯤 돌아오실까요?”

“그 어른은 소녀의 아버지시고요, 아마 점심때쯤이면

오실 것입니다. 그런데 미리 말씀을 드리겠습니다만 저의 아버지는 성격이 급하시기로 소문난 분입니다. 천성은 한없이 착하시지만 일단 화가 나셨다 하면 걷잡을 수가 없습니다. 만일 저의 아버지가 뭐라고 하시더라도 절대로 대들거나 해서는 안 됩니다.”

성격이 급하다는 말에 회정은 퍼뜩 정신이 들었다.

“그렇게 난폭하십니까?”

“난폭이라! 그렇지요. 난폭한 분이라고도 할 수 있을 것입니다. 하여간 관음진신을 친견하는 것이 목적이라면 어떤 경우라도 인내하고 복종하셔야 합니다. 잘 알아들으셨죠?”

“잘 알겠습니다. 그런데 낭자는 실례지만 어떻게 불러야 하겠습니까?”

“낭자라고 부르시면 됩니다. 여자가 무슨 이름이 더 있겠습니까?”

“여자라고 이름이 없을 수는 없지요. 시집이라도 가고 나면 남편을 따라 이름이 없어진다고 하겠지만 아직 미혼이신 것 같은데…….”

“아버지가 보덕이라 지어 주셔서 남들은 보덕 각시라 부르고 있습니다.”

애기를 하는 도중 회정은 보덕 낭자가 조금 전에 한

말을 상기하면서 물었다.

"보덕 낭자께서는 방금 전에 제게 관음진신을 친견하는 것이 목적이라면, 하는 말씀을 하셨는데, 어떻게 제 목적이 관음진신을 친견하는 데 있음을 아셨습니까? 행여 낭자께서는 남의 마음을 꿰뚫어 보는 타심통을 얻으셨습니까? 이를테면 독심술 같은 거 말입니다."

"제가 그렇게 말했던가요? 아니 나는 그냥 해 본 말인데……. 그나저나 안으로 들어오시지요, 스님."

회정이 보덕 낭자를 따라 방 안으로 들어서니 밖에서 보던 초막과는 전혀 달랐다. 너무나 깨끗했고 정리 정돈이 잘되어 있었다. 한마디로 말해 몰골옹의 집과는 정반대였다.

"역시 아름다운 여인이 계시는 집이라 다르군요. 참 깨끗하게 해 놓고 사십니다. 이런 걸 보면 역시 집안 살림은 여인이 있어야 한다는 생각입니다."

말을 하고 나서 회정은 쓸데없는 말을 했다는 생각이 들었다. 낭자 앞에서 마음을 들켰다는 생각에 얼른 화제를 바꾸었다.

"보덕 낭자께서는 이곳에 계신 지 얼마나 되셨습니까? 하도 산세가 좋아서 말입니다."

"네, 제가 태어난 곳도 이곳이요, 자란 곳도 여깁니다.

아직 밖을 나가 본 적이 없어요. 저는 별로 좋은 줄 모르겠는데 그렇게 이곳이 좋으세요? 스님께서 계시던 송라암도 금강산에 있지 않습니까?"

그때였다. 밖에서 쿵 하는 소리가 났다. 아마 나뭇짐을 부리는 모양이었다.

"아버지가 돌아오셨나 봐요."

말을 마치자 그녀가 먼저 달려 나갔고 회정도 엉거주춤 일어나 방문을 나서려는데 낭자의 아버지인 듯한 노인이 벽력같은 소리를 질렀다.

"웬 놈이냐? 젊은 처녀가 혼자 있는 방에 어디서 굴러먹던 녀석이냐? 오라! 중 옷을 입은 것으로 보아 남의 딸을 넘보려는 중놈이 분명하렷다?"

노인은 대답할 틈을 주지 않고 밀어붙였다. 나이는 흰머리가 절반쯤 있는 것으로 보아 예순 이쪽저쪽이었다.

"나오너라. 이놈. 당장 혼쭐을 내 주겠다. 이 망할 자식아."

노인은 헛간에 있는 지게 작대기를 움켜쥐었다. 비록 나이는 들어 보이지만 그의 체력은 젊은 사람 대여섯은 당하고 남을 만큼 왕성해 보였고 체격도 일곱 자는 되어 보였다. 새치가 약간 있는 구레나룻이 노인을 더욱 험상궂게 만들어 주고 있었다. 회정이 마당으로 나서며 변명을 하려는 찰나였다. 노인이 잡고 있던 작대기로 회정의 정수리를 내리쳤다. 회정은 두 손으로 머리를 감싸 쥐며 마당에 뒹굴었다. 그런데도 노인의 행동은 멈추지 않았다. 머리고 옆구리고 다리고 가릴 것 없이 작대기로 보리타작하듯 패 대는 것이었다. 회정은 정신을 잃었다.

잠시 후 물벼락을 맞고서야 정신을 차린 회정은 어떠한 경우라도 인내하고 복종해야 한다던 보덕 낭자의 말을 생각했다. 노인이 소리쳤다.

"이놈! 썩 나가거라."

회정은 무조건 잘못했으니 용서해 달라고 빌었다. 노인의 언성이 높아졌다.

"뭣이 어쩌고 어째? 잘못했으니 용서해 달라고? 그래 이놈! 무엇을 잘못하기는 했나 보구나. 잘못이 없는 놈이라면 잘못했다는 말도 용서해 달라는 말도 하지 않았을 텐데. 이놈!"

보덕 각시가 옆에서 보다가 말렸다.

"아버지, 이 스님은 잘못이 없습니다. 잘못이 있다면 제게 있어요. 제가 들어오라고 했거두요. 아, 아버지를 찾아왔다고 하는데 어떻게 문밖에서 기다리도록 할 수 있어야지요. 날씨도 제법 쌀쌀해지고 해서……."

노인은 보덕 각시의 얘기를 듣고 나서 성미가 약간 수

그러드는 것 같았다.

"너는 어느 절에 사는 작잔데 나를 찾아왔느냐? 용건이 무엇이냐?"

보덕 각시가 계속 거들었다.

"예, 아버지. 이 스님은 금강산 장안사 아래 송라암에서 천일관음기도를 봉행한 뒤 꿈에 어떤 귀부인을 만나 이곳으로 해명방 어른, 즉 아버지를 찾아가라는 말을 듣고 이렇게 왔다 합니다. 이미 몰골옹 어른을 뵙고 오는 길이라고 했습니다."

"천일관음기도를 하고 관음진신을 친견하겠다. 옜다. 이놈! 관음진신 친견하기가 그리 쉬울 것 같으면 세상에 못 할 사람이 어디 있겠느냐? 만일기도라면 또 모르지만……. 여러 말 필요 없다. 송라암이든 어디든 가서 만일 기도를 하고 오든지 말든지 해라."

말이 떨어지기 무섭게 해명방은 다시 몽둥이를 집어 들었다. 하지만 회정도 작정한 바를 관철시키기 위한 고집이 있었다. 발길로 차고 주먹과 몽둥이로 때리고 온갖 행동을 다 했지만 회정은 꿈쩍도 하지 않았다. 이윽고 노인이 힘이 빠졌는지 조금 수그러졌다. 회정이 해명방 앞으로 조금 다가서며 말했다.

"소승 업장이 두터운 사람입니다. 해명방 어른께서 저

의 두터운 업장의 구름을 걷어 내 주시기 바랍니다.”

그러자 해명방이 껄껄 웃으며 시로써 노래하였다.

“만일 누가 부처님의 경지를 알고자 한다면

마땅히 그 마음을 허공처럼 비우라.

망상과 온갖 갈등을 멀리 여의고

그 마음 언제나 걸림이 없게 하라.”

해명방의 노래를 들으며 회정은 환희에 젖어 들었다. 그때였다.

“여보게 회정, 자네가 만일 관음진신을 친견코자 한다면 한 가지 조건이 있네. 그 조건만 수락한다면 관음진신을 친견하기란 어렵지 않네.”

해명방의 부드러운 음성과 함께 조건이란 말에 회정은 귀가 번쩍 띄었다. 도대체 저 어른의 진짜 모습은 무엇일까? 언제는 길길이 뛰고 야단이더니, 어떻게 저렇게 차분하고 부드러운 모습으로 바뀔 수 있지?

“무슨 조건이신지요? 관음진신을 친견할 수 있는 것이라면 어떠한 조건이라도 다 들이드리겠습니다.”

“내 딸 보덕과 혼인을 해야 되네. 우리 보덕과 말일세.”

“그러면 그렇지. 어째 부드럽게 나간다 했더니.”

“하지만 소승은 출가한 몸, 어찌 계를 파하고 혼인할 수 있겠습니까?”

“그렇다면 할 수 없구나. 이놈! 당장 이 자리에서 꺼지지 못하겠느냐?”

그때 보덕 각시가 해명방 옆에 있다가 회정에게 눈을 찡긋해 보였다. 무슨 말이든 다 수용하라는 뜻이었다. 회정은 갈등을 느꼈다. 절에 산 지 거의 20년이 가까워 오면서 아직 여자 손목 한 번 잡아 보지 않은 그였다. 그런데 이제 그런 자신에게 장가를 들라고 한다는 것은 너무하다고 생각했다. 그러나 그는 조금 전에 관음진신을 친견하는 것이라면 어떠한 조건이라도 다 수용하겠다고 했었다.

(어떠한)이라 한 말이 마음에 걸렸다. 그러나 그는 한편 생각했다. 진리란 출세간의 세계에만 존재하는 것은 아니다. 진리란 세간과 출세간을 넘나들며 어디나 존재하는 것이다. 자칫 잘못하여 해명방의 비위를 건드리기라도 한다면 성한 몸으로 나가기는 힘들 것이었다.

만일 몸이 없다면 제아무리 좋은 불법이라도 소용이 없는 게 아니겠는가. 그는 마음을 고쳐먹었다.

“좋습니다. 해명방 어른의 말씀에 따르겠습니다.”

“진작 그럴 것이지. 너는 이런 말도 들어 보지 못했느냐?”

그러면서 해명방은 시로 노래하였다.

불법이 세간에 있나니,
세간 떠나 깨달음 없네.
세간과 출세간이란
다만 이 마음에 있을 뿐

해명방은 회정에게 마당을 쓸게 했다. 그리고 거적을 거기에 깔았다. 보덕 각시는 동이에 물을 길어 왔다. 두 사람은 물동이를 가운데 두고 양편으로 갈라섰다. 해명 방이 집사를 했다.

"대자대비 부처님과 천지의 신명이시여, 오늘 신랑 회정 군과 신부 보덕 양은 부처님과 천지신명을 우러러 새로운 부부가 될 것을 고하나이다. 이들 두 사람에게 행복과 사랑, 축복이 함께하길 간절히 바라나이다. 신랑에게 묻노니 어떠한 경우라도 보덕을 아내로 맞아 사랑하고 행복한 삶을 가꾸겠는가?"

"네"

"신부에게 묻노니 보덕은 회정을 남편으로 맞아 어떠한 경우라도 고락을 함께하겠느냐?"

"네."

그렇게 해서 그들은 부부의 연을 맺었다. 생각보다 달

콤한 신혼생활이었다. 하지만 문제가 있었다. 보덕 각시
는 성불구자였다. 이름만 부부일 뿐 실제로 부부생활은
이루어지지 않았다. 회정에게 있어서는 그것이 불행이기
도 했고 다행이기도 했다. 부부로서의 참맛을 모르니 불
행이었고 계를 파하지 않을 수 있으니 다행이었다.

"해명방 어른이 나를 윽박질러 자기 딸을 맡긴 이유를
이제야 알 것 같구나. 못된 늙은이 같으니라고."

하지만 부부생활은 하지 못한다 하더라도 보덕 각시의
손을 잡는 것만으로도 그는 젊음을 만끽할 수 있었다.
그런데 참 이상한 느낌이었다. 보덕이 성불구자인 줄 알
지 못했을 때는 그토록 그의 손목을 잡고 싶었는데, 막
상 그녀가 그런 사람인 줄 알고 나니, 마치 내시를 대하
는 것처럼 그렇게 징그러울 수가 없었다. 아무리 징그러
운 생각을 떨쳐 버리고자 해도 순간순간 일어나는 그 느
낌을 도저히 머릿속에서 말끔히 지울 수는 없었다.

그러는 사이 많은 세월이 흘렀다. 그는 장인인 해명방
을 따라 땔나무를 해다 팔아 그것으로 생계를 유지했다.
나무를 팔아 먹을 양식을 사고 입고 쓸 옷과 일용품을
사 오기도 했다. 회정은 그러한 단조로운 삶에 서서히
권태를 느끼기 시작했다. 그는 틈만 나면 해명방에게 물
었다.

"장인어른, 관음진신은 언제쯤이면 친견할 수 있겠습니까?"

그때마다 해명방의 대답은 똑같았다.

"관음진신의 친견? 거 좋지. 헌데, 그런 성현을 친견한다는 것이 생각처럼 그리 쉬운 것은 아닐세. 적어도 10년은 나와 함께 지내야 할 거야."

그렇게 묻고 답하기 3년이 지났지만 3년 전이나 3년 뒤나 대답은 항상 10년이었다. 견디다 못한 회정이 하루는 다짜고짜 말했다.

"해명방 어른, 아니 장인어른, 장인어른께서는 제 물음에 언제나 같은 대답을 해 주셨습니다. 사람이 참는 것도 한계가 있다고 생각합니다. 이제는 정말이지 더는 못 기다리겠습니다. 관음진신을 친견하게 해 주시든지, 아니면 저를 놓아주십시오. 답답해 미칠 것만 같습니다. 장인어른, 그리고 보덕 각시가 어디 여자입니까? 여자구실이나 제대로 하는 여자냐고요. 세상에, 딸 시집 못 보낼까 봐 저를 강제로 협박하여 사위로 삼아 놓고 제 소원은 본 체 만 체 하시지 않았습니까? 이건 원, 통 재미가 있어야지."

해명방은 느닷없는 회정의 공격에도 태연하게 말했다.

"누가 너를 묶었더냐? 놓아 달라느니, 답답하다느니

하게. 그리고 내 딸 보덕이 어디가 어때서 그러느냐? 그렇게 불평과 불만이 많으면 너 좋은 대로 하면 될 게 아니겠느냐? 이놈아, 인생을 어찌 재미로만 사느냐? 고얀 놈 같으니라고."

"장인어른, 그럼 저는 이만 장인어른 곁을 떠나겠습니다. 송라암도 그립고 옛날 중노릇하던 시절이 그립습니다."

"허! 이놈, 중노릇이 뭐 별거더냐? 하기야 별것이라면 별것일 수도 있겠지. 그리고 이놈의 몰골옹인가 보현인가 하는 늙은이를 가만두어서는 안 되겠구먼. 공연히 참한 젊은이를 가라 마라 해서 번거롭게 하다니."

회정은 그러나 해명방의 이 말을 듣지 못했다. 그는 떠나야겠다는 생각으로 들떠 있었다. 해명방의 "몰골옹인가 보현인가 하는 늙은이"란 말을 듣지 못했던 것이다.

회정은 바랑을 챙기고 속복을 벗었다. 그리고 승복으로 갈아입었다. 하긴 승복이 속복이었고 속복이 승복이었다. 재단이 똑같은 승복과 속복은 색깔만 다를 뿐이었다. 그는 다시 제 손으로 머리를 깎았다. 곁에서 보덕 각시가 거들어 주었다. 그녀는 언제나처럼 눈물을 흘리거나 아쉬워하는 모습을 보이지 않았다.

작별을 고한 회정은 다시 산을 넘어 몰골옹이 살고 있

는 곳으로 향했다. 3년 만에 다시 보는 옛길이 정겹게 느껴졌다. 몰골옹 노인이 있는 곳에 이르니 노인은 아직도 그대로였다. 더 늙어 보이지도 않았고 그렇다고 회춘이 되지도 않았다. 몰골옹을 보자 그 옛날 도토리묵을 손수 끓여다 주던 일이 생각나 눈물이 핑 돌았다. 몰골옹은 신을 삼고 있었다.

"몰골옹 어른, 어떻게 지내셨습니까? 소승 회정이라고 합니다. 한 3년 전쯤 어른께 하룻밤 신세를 졌던 사람입니다. 저를 알아보실 수 있으십니까?"

몰골옹이 대답했다.

"알아보다마다. 기억이 생생한걸."

"그러십니까?"

"그래 해명방 어른은 뵈었으며, 보덕 각시는 만났는가. 아! 그리고 관음진신은 친견하였는가?"

회정은 3년 동안 있었던 일들을 대충 얘기했다. 한참 회정의 말을 듣던 몰골옹이 혀를 차며 아쉬워했다.

"자네는 참으로 어리석기 짝이 없네."

"그게 무슨 말씀이십니까?"

"그 해명방 어른이 곧 문수보살이요, 보덕 각시가 관음진신인데……."

"그렇습니까?"

"그래, 자네는 3년 동안이나 보덕 각시와 자리를 함께 하면서도 그녀가 관음진신인 줄 몰랐단 말인가. 그리고 그 해명방 어른이 문수보살의 화현이란 걸 모르고 지냈 단 말인가? 그러니 내가 자네를 어리석다고 할 수밖 에…… 쯧쯧."

회정은 뒤통수를 한 대 얻어맞은 느낌이었다.

"그럼 노인장은 누구십니까?"

"나는 보현보살의 화신이지. 문수와 관음에게 길을 인 도한 보현보살이야."

회정은 보현보살이라는 말에도 그다지 신경을 쓰지 않 았다.

다만 그는 관음진신인 보덕 각시와 문수보살의 진신인 해명방의 생각으로 꽉 차 있었다. 회정은 몰골옹에게 삼 배를 드리고 즉시 돌아섰다. 보덕과 해명방을 찾아가는 것이었다.

그는 몇 걸음 가다가 몰골옹이 "나는 보현보살의 화신 이지."라고 한 말이 생각나 뒤를 돌아보았다. 그런데 이 게 웬일인가. 조금 전까지만 해도 분명히 있었던 몰골옹 의 모습은 온데간데없었고 초막도 보이지 않았다. 회정 은 자리에 풀썩 주저앉았다.

"참으로 나는 박복한 중생이구나. 보현보살이 '나는

보현보살의 화신이다.'라고 한 말을 듣고도 미처 깨닫지 못했으니, 아! 어리석은 중생이여 회정이여!"

회정은 자리를 털고 일어났다. 이러다가는 관음진신인 보덕 각시와 문수보살이라던 해명방도 놓칠 것 같았기 때문이었다. 그는 한달음에 해명방과 보덕 각시가 머물던 초막에 이르렀다. 그러나 거기에는 초막도 없고, 해명방과 보덕 각시도 보이지 않았다.

둘러보니 보덕 각시가 빨래하던 바위와 냇물은 여전히 그대로였고 마당에는 어제까지만 해도 패던 장작이 남아 있었다. 푸른 하늘도 허허로이 회정을 비웃고 있었다.

"보덕 각시, 보덕 각시이! 해명방 어른, 해명방 어르은!"

회정의 부르는 소리는 먼 산까지 갔다가 메아리로 되돌아왔다. 메아리는 이처럼 되돌아오는데 그 두 부녀는 돌아오지 않았다. 아니, 문수와 관음은 나타나지 않았다.

바람이 스산하게 불고 있었고 그 사이사이로 개울물 흐르는 소리가 언뜻언뜻 자신의 존재를 나타내고 있었다. 회정은 문득 외로움을 느꼈다. 천지간에 홀로 떨어진 그런 외로움이었다. 사람이 정을 붙이고 살다가 헤어진다는 것이 바로 이런 외로움이구나 싶었다. 회정은 주먹으로 가슴을 쳤다.

"아! 나는 죄업의 업장이 얼마나 두터우면 3년씩이나

관음진신을 데리고 문수보살과 함께 살았으면서도 그들을 알아보지 못했단 말인가. 그리고 보현보살의 진신마저 놓쳐 버리고 말았으니, 이 어리석은 중생을 어이 제도할꼬?”

회정은 송라암으로 돌아왔다. 그는 도량을 말끔히 청소하고 다시 백일관음기도에 들어갔다. 어차피 내딛은 발걸음이니 끝장을 봐야 할 것이었다. 문수와 보현과 관음을 친견하고도 그들이 문수와 보현과 관음의 진신임을 깨닫지 못한 무지를 참회하기 위함이었다. 그리고 재도전하여 관음진신을 친견키 위함이었다. 보현과 문수도 만나야 했다.

인생은 항상 무지와 몽매 속에서 살아가는 존재인지도 모른다. 그러기에 인간을 중생의 범주 속에 넣는 것인지도 모를 일이었다. 중생이란 무명업장에 자성을 가려 바로 보지 못하는 그러한 존재일진대, 인간은 분명코 무지와 몽매 속에서 허우적대는 그런 것이다.

재도전하는 백일기도는 철저하였다. 처음 송라암을 떠나기 전에는 천일기도를 봉행했지만 때로 피곤하면 잠자리에 들기도 했는데 이번의 백일기도는 정말이지 피나는 수행이었다.

이윽고 백일기도 회향이 점차 다가왔다. 백 일이 되는

새벽에도 그의 기도는 평소와 다름이 없었다. 그러나 긴장이 풀렸는지 쏟아지는 잠을 주체할 길이 없었다. 그는 꿈을 꾸었다. 꿈속에서 또다시 지난번에 만났던 귀부인을 만났다.

"이보시오, 회정스님. 어찌하여 그러한 실수를 저지르셨소? 스님은 관음진신인 보덕 각시를 데리고 3년간이나 지냈으면서도 그녀가 관세음보살임을 알아보지 못했소. 문수보살과도 3년 동안이나 함께 나무 하고 장작을 패고 저잣거리를 다니고 했으면서도 해명방이 바로 문수보살의 진신임을 몰랐소. 게다가 내가 처음 일러 준 몰골옹이 보현보살의 진신임을 알아차리지 못했으니 얼마나 안타까운 일이오. 내 이제 그대의 정성을 갸륵하게 여겨 다시 일러 주겠소. 오늘 낮 기도 회향을 하는 즉시 만폭동으로 가시오. 거기서 보덕 각시, 즉 관음보살을 만날 수 있을 것이오."

회정은 귀부인의 말을 듣고 물었다.

"감사합니다. 하온데 당신은?"

회정이 고개를 들어 귀부인의 얼굴을 보려 했지만 그녀는 이미 그 자리에 남아 있지 않았다. 꿈을 깨고 난 회정은 생각보다 선명한 꿈속의 사실을 마음속에 깊이 새기고 회향기도를 앞당겨 봉행했다.

한낮이 조금 지나 만폭동에 이르렀다. 한 폭의 그림 같은 경치에 잠시 도취되어 있는데, 폭포 위 바위 위에 한 여인이 머리를 감고 있는 게 보였다. 그녀는 하얀 옷을 걸치고 있었다. 회정은 걸음을 빨리하여 가까이 다가갔다. 그녀는 분명 보덕 각시였다. 3년간이나 같이 살았던 여인을 몰라볼 리 없었다. 울컥 그리움이 솟구쳤다.

"보덕 각시! 소승 회정이올시다."

여인이 회정의 음성에 놀라 뒤를 돌아보았다. 너무나 아름다운 여인이었다. 우윳빛 고운 피부가 회정의 마음을 뒤흔들어 놓고 있었다. 회정은 저도 모르게 보덕 각시의 이름을 부르며 그녀의 손목을 덥석 잡았다. 그러나 그것은 허공이었다. 잡히는 것이라곤 아무것도 없었다. 신기루였다. 그것은 구름이었고 바람이었다.

그녀의 모습은 찰나 사이에 사라져 버렸고 대신 그 자리에서 난데없는 오색찬란한 새 한 마리가 푸드덕 날아올랐다. 새는 천천히 아주 천천히 날았다.

회정은 고개를 한 번 갸웃하고는 새가 날아가는 방향을 향해 뛰기 시작하였다. 한참을 쫓아갔다. 문득 새를 놓쳐 버렸다. 사방을 두리번거리던 회정은 또 하나의 폭포 위에 허공 속으로 깊숙이 파고든 커다란 나무를 발견했다. 거기에 하얀 옷을 입은 보덕 각시가 서 있었다.

그녀는 멀리서도 알 수 있을 만큼 가지런한 이를 드러
내 놓고 활짝 웃고 있었다. 그리고 그 모습이 폭포수 아
래서 물결을 따라 흔들리고 있었다. 회정은 절벽 위를
타고 올랐다. 그녀 가까이 갔을 때 그녀의 뒤로 자연동
굴이 있었다.

보덕 각시가 굴속으로 안내하였다. 굴은 내부가 제법
넓었으며 거기에는 경상과 경책, 불기, 촛대, 향로 등이
놓여 있었다. 회정이 물었다.

"이 굴은 언제부터 있었으며 여기에 있는 이 기물들은
누구의 것입니까?"

보덕 각시가 말했다.

"바로 전생에 스님께서 쓰시던 유물입니다. 스님은 전
생에는 보덕화상이라 일컬은 고승이었지요. 이제 여기서
수도정진을 하십시오. 반드시 깨달음을 이루게 될 것입
니다."

말을 마치자마자 그녀는 온데간데없이 없어졌다. 순간
회정은 크게 깨닫고 보니 보덕 각시만이 관음진신이 아
니라 회정 자신도 바로 관세음의 진신을 떠나 따로 존재
하는 게 아니었다. 한 떨기 풀잎도 한 그루의 나무도 모
두가 관음진신이었다.

보이는 모습은 모두가 관음의 자비로운 성상이었고 흐

르는 물소리와 새소리, 풀벌레소리 바람소리가 모두 관세음이 내는 묘음이었고 해조음이었다. 그는 깨달음의 환희에 젖어 강중강중 뛰고 싶었다. 회정대사는 바위 위에 커다란 글씨로 다음과 같이 새겼다.

"진신으로서의 관자재보살 보덕 각시는 어제도 오늘도 내일도 여기 머물다."

회정은 그 후 강화에 보문사를 창건하는 등 관음도량을 개설하기에 온 힘을 기울였다.

꽃
피
니

열
매

맺
네

오세동자

설악산 백담사의 오세암은 관음기도 도량으로 전국에 널리 알려진 절이다. 이 암자는 647년(선덕왕 13년) 자장율사가 창건했다고 전해지며, 자그마한 선실을 짓고 머물렀던 자장율사는 관세음보살의 진신을 친견하고, 관세음보살님이 언제나 계신 절임을 나타내기 위해서 관음암이라고 하였다.

그 뒤 이 암자를 관음암에서 오세암으로 바꾼 것은 1643년(인조 21년) 설정스님이 중건한 다음부터이며, 오세동자에 얽힌 유명한 관음영험 설화가 전해진다.

오세암은 필자가 기도를 하고 가피를 얻은 곳이기도 하다. 이곳은 연꽃잎 같은 산봉우리들이 아름다운 한 송이의 연꽃을 이루어 참배객과 기도자들에게 관세음보살님의 따뜻하고 푸근한 느낌을 주는 곳이기도 하다.

"스님, 속히 고향으로 가 보세요. 어서요."

설정스님은 벌떡 일어났다. 캄캄한 방 안엔 향냄새뿐 아무도 없었다.

스님은 그제야 정신을 가다듬고 꿈을 꾸었음을 깨달았다.

"아름다운 오색구름을 타고 와 자꾸 흔들어 깨우던 이는 관세음보살이었구나." 이상한 꿈이다 싶어 망설이던 설정스님은 새벽 예불을 마친 후 고향으로 향했다.

설악산에서 충청도 두메산골까지는 꼬박 사흘을 밤낮 없이 걸어야 했다. 삼십여 년 만에 찾은 고향은 비참하기 짝이 없었다. 큰댁과 작은댁 등 친척들이 살던 마을은 잡초만 무성할 뿐이었다. 스님은 조용히 눈을 감았다.

"관세음보살님은 왜 고향엘 가 보라고 하셨을까?"

그때였다. 아랫마을에 산다는 한 노인이 나타났다.

"허, 시주를 오신 모양인데 잘못 오셨소이다.

이 마을은 얼마 전 괴상한 병이 번져 모조리 떼죽음을 당하고 오직 한 사람 세 살 된 어린아이가 살아 있을 뿐이오."

알고 보니 그 어린아이는 설정스님의 조카였다. 설정스님은 그 아이를 찾아 등에 업고 설악산으로 돌아왔다. 잘 키워 가문의 대를 잇게 할 작정이었다. 그게 바로 관음보살의 뜻이라고 생각했다.

아이는 야무지고 영리했다. 산짐승 소리도 무서워하지 않고 다람쥐와 장난도 하며 잘 자랐다. 스님 따라 조석 예불도 하고 염불도 곧잘 했다.

그렇게 세월이 흘러 아기는 다섯 살이 되어 제법 상좌 구실까지 해냈다.

그해 늦은 가을, 겨울살림 준비를 하던 설정스님은 겨

우내 먹을 식량을 구하러 설악산을 넘어 양양에 가야 했다. 워낙 멀고 험한 길이라 조카를 업고 갈 수가 없었다.

총명하고 똑똑하지만 겨우 다섯 살밖에 안 된 조카를 혼자 두고 나가자니 그도 마음이 놓이질 않았다. 스님은 조카를 앉혀 놓고 몇 번이고 다짐했다.

"절대로 문밖에 나오지 마라. 그리고 무섭거든 관세음보살을 불러라."

조카는 알았다는 듯 고개를 끄덕이었다. 설정스님은 몇 번을 단단히 이른 후 바랑을 짊어지고 길을 떠났다.

걸음을 재촉한 스님이 숨을 몰아쉬며 양양에 도착한 것은 해질 무렵, 식량을 구해 돌아가려니 이미 캄캄한 밤중이 되었다.

혼자 암자를 지키고 있을 조카를 생각하여 밤길을 떠나려 했으나 동네 사람들은 한사코 만류했다.

"험한 산길에 산짐승도 많거니와 바람이 유난히 날카롭고 세차니 오늘밤은 쉬시고 내일 새벽 떠나십시오."

스님은 하는 수 없이 양양에서 하룻밤을 지새웠다.

스님은 다음 날, 조카가 기다리고 있을 관음암으로 돌아가려 일찍 일어났으나 밤에 내린 눈이 폭설로 엄청나게 눈이 쌓여서 도저히 암자로 돌아갈 수 없었다.

스님은 어쩔 수 없이 그곳에서 머물 수밖에 없게 되었다.

눈에 생기는 발자국의 깊이가 깊어질수록 혼자 있는 조카에 대한 걱정으로 스님의 애간장은 점점 녹아내릴 듯 간절하다 못해 시커멓게 타들어 갔다.

잠도 제대로 잘 수 없고 먹는 것도 제대로 먹을 수 없었지만 워낙 많이 쌓인 눈 때문에 어쩔 수가 없었다.

"엄동설한 폭설에 혼자 남겨 둔 조카가 어떻게 됐을까?" 하는 생각만이 온몸을 감싸고돌았다.

스님이 할 수 있는 유일한 것은 관세음보살님께 조카를 보살펴 주도록 간절히 기도를 열심히 드리는 일 뿐이었다.

이렇게 고통스런 몇 며칠을 보내다 도저히 안 되겠다는 생각에 억지로라도 관음암으로 돌아가려 하니 사중의 모든 스님들이 말렸다.

"이러한 폭설에 길을 나서면 죽을 게 뻔한데 왜 가려고 하느냐?"며 적극 만류하여 결국 스님은 눈길이 트일 때까지 신흥사에 머물 수밖에 없었다.

그사이에도 무정한 시간은 유수처럼 흘러 어느덧 봄이 오고 눈이 녹아 산길이 열리게 되었다. 서둘러 바랑을 챙긴 스님은 뜀박질을 하듯 달려 암자에 들어섰다. 암자에 들어서니 죽었을 것이라 생각하였던 아이가 목탁을 치면서 가늘게 관세음보살을 부르고 있었고 방 안은 훈

훈한 기운과 함께 향기가 감돌고 있었다.

죽은 줄로만 알았던 조카가 살아 있다는 반가움에 스님은 어쩔 줄 몰라 했으며 어찌된 것이냐고 물으니 조카는 손가락으로 가리키며 "저 어머니가 언제나 찾아와서 밥도 주고 재워도 주고 같이 놀아도 주었어요!"라고 답을 하였다.

그러자 갑자기 환한 백의여인이 관음봉으로부터 내려와 동자의 머리를 만지면서 성불의 기별을 주고는 한 마리 푸른 새로 변하여 창공으로 날아가 버렸다.

놀란 스님은 마음을 가다듬고 관세음보살님 전에 큰절을 올리고 조카를 안아 보려 하자 품에 안기지도 않은 채 조카는 그대로 사그라져 승천을 하였다 한다.

나중에 살펴보니 법당 경상에 놓여 있던 책장이 스님이 집을 비운 딱 그만큼의 날짜만큼 찢겨져 나가 있었다. 관세음보살님의 신통력으로 종이 한 장으로 그날 하루를 지내게 되었음을 짐작하게 하였다.

모든 것을 목격한 설정스님은 다섯 살 어린 조카가 맑고 무구한 마음으로 삼촌인 스님이 시키는 대로 간절하게 관세음보실을 계속 부르자 관세음보살이 감응하고 그 가피로 영생불멸의 길로 접어든 것을 알게 되었다.

비록 다섯 살밖에 안 된 동자였지만, 그 순수한 마음

이 동자를 성불케 하였으며, 이 도량에 관음보살의 영험
이 있음을 길이 전하기 위해 관음암을 중건하고 절 이름
을 오세암으로 고쳐 불렀다고 한다.

불보살의 이끎

『화엄경』에 "초발심시변정각(初發心時便正覺)"이라는 말씀이 있다. 처음 보리의 마음을 낼 때 문득 정각을 성취한다는 것이다.

스님들도 장애가 닥치면 고민도 하고 초심을 이어 가기가 어려운 것이 현실이다.

강원생활을 할 때였다. 새벽에 잠꼬대를 하다가 도반의 몸에 발을 얹어 놓았다. 도반도 잠결에 힘들었는지 오만 인상을 짓는데 찰나에 신심이 떨어지는 것이었다. 바랑을 짊어지는 병이 도졌는지 새벽에 짐을 싸서 절문을 나서서 홀로 걷는데 새벽별은 나의 마음을 아는지 모르는지……. 별들이 땅에 쏟아질 것만 같았다. 이 중노릇을 계속해야 하는 것인지, 자비문중이 의리의 문중으로 뒤바뀐 절집 어떻게 하면 될까? 어떻게 하면 될까? 궁리를 해도 답은 안 나왔지.

다리도 아프고 목도 마르고 곡차 생각이 간절했지. 새벽에 문을 연 구멍가게가 있어 목을 축이고, 걷고 또 걷고 도중에 택시를 잡아타고 대구에 내렸지.

소변이 마려워 볼일을 보고 막 나오는데, 아가씨인지 미씨인지 건물 2층에서 어떤 여자가 "스님 어디 가세요!" 하고 물어서 대답하기가 싫어서 대충 얼버무렸는데 "스님 술 마시러 가려고 하지요!" 순간 나는 그 여자와 테이블을 두고 마주 앉았다. 레스토랑 같은데 실내는 무척 깨끗했다.

여자는 삼십쯤 보이고 안경을 끼고 있었다. 산뜻하고 아름다웠다. "나는 스님들만 보면 좋아요." 하면서 미소 짓는데 그 미소가 가히 살인적이었다. 미소를 받으며 앉아 있는데, 키가 늘씬하고 지적인 중년의 여자가 다가와서 함께 앉았다. 무심코 그녀의 눈을 쳐다봤는데 사람의 눈인지, 동물의 눈인지 그런 눈은 두 번 다시 보지 못했다. 조금 있다가 키가 작은 여자가 와서는 주방에서 구역질을 하고 사라졌다.

두 여자와 나 셋이서 한참 동안 침묵이 흘렀다. 그때

는 사람의 마음을 조금 읽을 줄 알았는데, 그들은 마음에 아무런 동요가 없었다. 나는 순간 손과 팔을 떨었다.

이윽고 중년의 여성이 그만 가라고 해서, 밖으로 나와서 이삼 분 걸었나? 여자들이 괘씸하고 건방져서 혼을 내 주려고 가던 길을 돌아와 그 집을 찾았다.

그런데 그 자리에 있어야 할 집이 없었다. 왔다 갔다 여러 번 집을 찾아 헤맸는데 분명히 있어야 할 집이 없다. 길을 가는 사람한테도 물어봐도 여기에는 그런 곳이 없다는 것이다. 귀신한테 속았나!

어디 머물 곳이 필요했다. 강원도에서 기도를 봐주던 암자가 떠올랐다.

법당에 들어가 부처님한테 참배하고 막 일어나 부처님 존상을 우러러본 순간 그만 소스라치게 놀라고 말았다. 괘씸히 생각하고 혼을 내 주려는 여자들이 부처님연화대에 앉아 있는 것이 아닌가?

석가 · 관음 · 지장 세 분이……

미소 짓던 여인은 관음이요, 지적인 중년은 석가요, 구역질한 여자는 지장이라.

『금강경』에는 한 번 발심한 보살을 여래는 잘 보살펴 주시고, 잘 부촉하신다고 하셨다. 그때 불보살님께서 이끌어 주시지 않았다면 나는 지금쯤 어디에 있을까?

제3장

행복으로 가는 길

보 살 행

부처님이 열반하신 후 500년, 기원전 1세기경에 인도 전역에 대승불교운동이 일어났다. 대승불교운동은 한마디로 부처님의 근본사상으로 돌아가자는 것이다. 이론과 자기주의에서 벗어난 보살행의 실천을 강조한 것이다. 보살행을 실천할 때 하나의 아름다운 세계는 이루어지고, 행복과 평화가 깃들 것이다.

인터넷 검색창에 보살이란 단어를 쳐 봤다. 너무 놀랍고 아찔했다. 보살은 사주나 점을 치는 자로 통용되어 있지 않는가? 그분들이 이름에 맞게 선행과 바른길을 제시해 주면 이름이 아깝지는 않지만…….

보살은 참으로 아름답고 멋있는 이름이고 세상에 밝은 빛을 비추어 줄 위대한 인간상이다.

보살의 이념인 자리리타(自利利他)와 자각각타(自覺覺他)는 단군신화에 나오는 홍익인간의 사상이 오롯이 스며들어 있고, 더 나아가서 자각의 정신이 홍익인간을 한 단계 업그레이드시킨 것이 보살인 것이다.

그러나 이러한 보살을 폄하시키고 사주나 점을 치는 사람으로 오인하고 있으니 참으로 개탄스럽다.

『팔천송반야바라밀다경』에는 이런 말씀이 있다.

"부처님이 세상에 나타나지 않았을 때 어떤 거룩한 행위, 평등한 행위, 비할 바 없는 행위, 선한 행위가 세상에 알려지고 꽃핀다면, 그것은 모두 보살로부터 생겨나고 보살로부터 피어나고 보살의 방편으로부터 드러나는 것이라."고 말씀하셨다.

앞으로 이 세상을 이끌어 갈 자가 보살이고, 이 세상에 보살들이 출현하여 모든 선행과 전법 그리고 중생을 제도하니 그들은 보살마하살이다.

그러나 보살행은 쉽지 않다. 끊임없이 나를 비우고 버리면서 공부해 나가야 한다.

우리 관음선원의 설립목적도 보살의 마음을 전하고 보살행을 실천하는 보살 전등회·보살전등학교를 운영하고 있다.

문수보살과 보현보살은 석가모니부처님의 협시보살이다. 문수보살은 지혜를 상징하고 보현은 보살생의 실천을 상징한다.

두 보살에 관한 재미있고 무서운 불교설화가 전해진다.

"중국 팽요에 가면 진국사라는 고찰이 있다. 진국사의 벽화에 이 설화가 그려져 있는데, 보현보살이 중생을 구제하기 위하여 백색의 암퇘지 몸을 받고 어떤 시골집에 태어났다. 그때 암퇘지는 여러 마리의 새끼를 낳았다.

문수보살이 그것을 알고 보현이 있는 시골동네에서 노인의 차림으로 한 젊은이에게 편지를 한 통 써 주면서 어느 집 돼지우리에 편지를 넣어 달라고 부탁을 하였다.

그 편지에는 이렇게 쓰여 있었다.

구재진로중(久在塵勞中) 오랫동안 세속에 있으면
매각본래신(昧却本來身) 본래의 청정신이 감추어지니
금조수만행(今朝收萬行) 이제 아침에 만행을 거두고
매각본래신(昧却本來身) 본래의 몸으로 돌아오게

백색 암퇘지는 이 편지를 입으로 삼키고 곧바로 죽어버렸다.

보살이 중생을 구제하는 데는 사람과 축생, 무정물까

지도 자비를 베풀어 구원해야 하는 것이다. 그러나 세속에서 오랫동안 물들면 깨달음과 원력이 흐트러지기에 항상 발심하고 수행을 열심히 해서 초심을 잃어버려서는 안 된다.

신심·원력·수행 이 세 가지는 대승불교의 주인인 보살이 가져야 할 꼭 필요한 요소인 것이다.

보살과 육바라밀다

인생에 목표와 방향이 있어야 그 삶이 바른 곳으로 향해 나아가는 것이다. 개인적으로는 생활신조가 있고, 가정에서는 가훈이 있는 것이고, 나라에는 국가의 이념이 있다.

관음선원의 목표가 무엇인가? 신도 많이 늘리는 거요, 큰절 짓는 거요, 관음선원의 목표는 생활불교·보살불교·전법불교이다.

생활불교는 불교를 항상 생활화하자는 서요, 기쁘거나 슬플 때 기도하고 염불하며 외롭고 고독할 때 독경하고 참선을 생활화하자는 것이다.

보살불교는 인생을 살면서 나 혼자 잘 먹고 잘살지 말고 주위 이웃과 소외된 사람들을 보살피는 그런 마음과 깨달음을 궁극의 목적으로 삼는 인생, 크고 깊은 마음을 가진 사람이 보살이다.

전법불교는 부처님의 은혜를 갚는 방법은 여러 가지가 있지만 그중에 법을 전하는 것이 가장 수승한 것이다.

우리는 대승불교라는 위대한 불교를 접하고 있다. 대승불교는 성인예수를 탄생시킨 위대한 종교다. 대승불교의 주인공은 누구인가? 보살이다. 대승불교를 보살불교라고도 한다. 보살이 나아갈 방향을 제시한 것이 육바라밀다이다. 보시·지계·인욕·정진·선정·지혜바라밀다이다. 이 육바라밀다는 보살이 보살답게 사는 방법이다. 우선 대승과 보살이라는 대명제부터 살펴보자.

대승은 범어 마하야나(Mahāyāna)로 큰 수레라는 뜻이다. 여기서 수레란 교리를 비유한 것이다. 반면 소승은 히나야나(Hīnayāna)로서 작은 수레라 하고, 부파불교를 말한다.

소승불교는 자기 위주인 반면 대승불교는 자신과 타인을 위한 자리리타를 겸비하고 있다. 대승불교가 언제 어디서 생겨났는지는 확실한 기록은 없다. 부처님이 열반하시고 많은 부파들이 자신의 특색을 고집하고 산중으로 들어가 학문연구와 개인적인 수행에만 몰두하였다. 이에 재가신도들이 반감을 갖고 일으킨 불교운동이 대승불교이다.

보살은 원래 석가모니부처님의 전생 수행자를 보살이라 하는데, 대승불교의 교리가 성불에 있어서 그 교리에 맞춰서 출가와 재가자를 함께 묶어 보살이라 하였다. 후에 보살은 성불이 결정되어 있는 성인보살과 우리와 같은 범부의 일반보살로 나누어진다.

보살은 범어로 Boddhi sattva이다. 음역으로는 보리살타이고 흔히 보살이라고 부른다. 깨달음을 구하는 수행자, 대승의 수행자를 보살이라 한다. 그래서 보살은 위로는 깨달음을 구하고 아래로는 중생을 교화하는 사람이다. 때로는 깨달음을 위한 수행과 공부를 하고, 때로는 자신과 이웃들의 이익을 위해 보시와 선행을 아끼지 않는 것이다. 즉 자기 자신을 끊임없이 계발하고 깨달음을 얻어 다른 사람도 그 길을 가도록 이끌어 주고 당겨 주는 것이다. 위대한 인생을 사는 것이 보살이다.

우리 인류는 수렵생활을 거쳐 농경사회를 지내 왔고 산업시대 그리고 현재에는 지식정보사회에 직면하고 있다. 그러면 다음 시대는 무슨 시대가 도래할 것 같은가? 지혜의 시대가 다가올 것이다. 지혜의 시대는 차원이 틀

리다. 우리가 알고 있는 그런 세상이 아니다. 이 지혜의 시대를 이끌어 갈 사람들이 바로 보살인 것이다.

이 보살이 나아갈 방향과 실천을 제시한 것이 육바라밀다이다. 화엄경 십지품에서는 10바라밀다를 말하지만 통상 육바라밀을 이야기한다.

첫째, 보시바라밀다, 남을 위해 아낌없이 주는 마음이 보시이다.

보시에는 대체로 재시(財施)·법시(法施)·무외시(無畏施) 세 가지로 나눈다.

재시는 물질적인 보시를 말하고, 법시는 부처님의 진리를 가르쳐 주는 것, 무외시는 두려움을 없애고 편안함을 주는 것이다.

보시에 대해선 누누이 말씀드리지만 사람이 사람답게 사는 방법이 보시이다. 보시불교가 발전한 나라는 대만, 일본 불교이다. 특히 대만 불교는 보시가 생활화되었는데 심지어는 대출을 받아서까지 보시에 힘을 쓴단다. 서양에서도 이 기부문화가 정착되어 있다. 보시는 나에게 큰 힘을 얻게 한다.

보시는 한 차원 높은 삶을 영위할 수 있는 길이다. 보시 중에서 왕은 무주상(無住相) 보시이다. 내가 요즘 반찬을 맛있게 얻어먹고 있다. 이것도 내가 전에 한동안

스님들께 아낌없이 공양을 산 결과라고 볼 수 있다. 반찬 공양하신 분도 언젠가는 힘을 받는다. 보시는 육바라밀 중 가장 중요하기 때문에 맨 앞에 놓아둔 것이다.

둘째, 지계바라밀다이다. 계를 가져서 잘 지키는 것을 말한다.

우리가 불교에 입문하게 되면 계를 받는데, 초심자는 5계와 10계를 받고 스님들은 비구는 250계, 비구니는 348계를 보살로써 보살계를 받는다. 우리가 계를 지키면 무슨 손해 보는 것인 줄 아는 분들이 많으신데, 이계는 수행과 공덕을 원만히 이루는 좋은 도구인 것이다. 계율이 없으면 선정에 들지 못하고 선정이 없으면 지혜가 생기지 않는다. 우리가 계를 받으면 이런 말이 있지 않는가? 계를 받고 지키지 못하더라도 크나큰 이익이 있다고, 이거 얼마나 멋진 법문인가?

셋째, 인욕바라밀다이다. 우리가 사는 세계를 사바세계라 한다.

사바세계는 욕심으로 이루어진 세계여서 거기엔 자연적으로 고통이 따르기 마련이다. 그래서 이 세계는 감인의 세계, 잠고 인욕을 하는 세계이기에 고통을 견뎌 내야 하는 것이다.

서로 마음이 맞지 않아서 짜증이 나고 미운 사람이 있

다. 때로는 이름조차 듣기 거북한 사람, 그러나 이 사바 세계에서 살아가려면 인욕해야 한다. 그렇지만 실천하기 어려운 것이 인욕이다.

열심히 관세음보살을 부르라. 내 자신이 텅 비고 마음에 관세음보살이 충만할 때 인욕은 저절로 된다.

넷째, 정진바라밀다이다. 불교의 정진은 원래 번뇌 망상을 제거하는 수행을 말하지만, 각자 게으름을 피우지 않고 열심히 사는 것을 말할 수 있다. 학생은 학생대로 열심히 공부하고, 신도는 신도대로, 스님은 스님대로 맡은 바 최선을 다하는 것을 말한다. 나쁜 행동이나 나쁜 습관을 버리고 부처님 말씀을 공부해 나가는 것 그것이 정진이다.

다섯째, 선정바라밀다이다. 관세음보살을 입과 마음으로 열심히 부르다 보면 마음이 하나로 모아지고 일념이 되는데 이것이 선정바라밀, 관음염불선이다. 그렇게 되면 몸과 마음 그리고 안과 밖이 여여해져서 늘 즐겁고, 인생이 행복하고, 사람으로 태어나기 잘했고, 불교 만나기 잘했다는 생각이 든다.

여섯째, 지혜바라밀다이다. 관음염불을 해서 마음이 모아지고, 일념이 오래오래 지속되어 시절인연이 도래하면 마음의 눈, 지혜의 눈이 열리는데 이쯤 되면 인간과 사물의 근본원리 우주의 비밀을 알게 되고 생사를 벗어나게 된다. 이것이 지혜바라밀이다.

기도 많이 하라. 기도는 나를 살리는 길이고, 기도는 훤칠한 대장부로 만들어 놓는다. 사회생활로 어이없는 일도 겪고, 스트레스나 지친 마음을 절에 와서 큰 소리로 "관세음보살! 관세음보살!" 하고 불러 보라. 마음의 응어리들이 얼음 녹듯 녹을 것이다. 응어리가 녹아야 원하는 것이 이루어진다. 기도 열심히 해서 불보살님의 큰 가피를 입으면 사람으로서 꿀릴 것이 하나도 없고, 대적할 이도 없는 것이다.

육바라밀을 남의 일이라 생각지 마시고 잘 실천해 나가면 내 자신이 참된 보살이 될 것이요, 걸림 없는 자재한 인생을 살 것이요, 행복한 인생이 될 것이요, 인류에 큰 발전을 줄 인물이 될 것이다.

무 소 유

꽃
피
니

열
매

맺
네

부처님께서 사위성 기원정사에 계실 때 수달장자에게
말씀하셨다.

만일 법답지 않게 재물을 구하고
또 법답거나 법답지 않게 구해서
남에게 이바지하지도 않고 스스로 쓰지도 않으며
널리 베풀어 복도 짓지 않으면
모두 악이 되나니 욕심 부리는 일 가운데 최하니라.
남에게 이바지하고 스스로도 쓰며
널리 베풀어 복도 지으면
이 모두 덕 되는 일이니
욕심 부리는 일 가운데 최상이니라.
만약 가족을 거느리며 세속에 살면서
재물에는 재앙 있음을 눈떠 욕심을 버려 족함을 알고
절약하고 검소하게 재물을 쓰면

부처님께서는 가난하게 살지 말고 항상 베풀고 보시하며 살라고 하셨다.

땀 흘려 노력해서 얻은 복과 재물은 우리들의 삶의 양식인 것이다. 이것을 어떻게 사용하느냐에 따라 기쁨과 괴로움, 내생(來生)의 양식이 되는 것이다.

요즘 무소유에 대해 관심이 많다.

무소유의 사전적 의미는 가진 것이 없다로 나와 있다. 무소유로 인해서 마음의 행복과 평화가 찾아온다.

그러나 현대사회는 가지지 않는 삶을 반기는가? 물론 가진 것이 없고 그 삶 속에 도가 스며들어 있으면, 그 인생은 빛이 나는 인생이다. 스님들도 요즘처럼 돈이 필요한 시대에 살아가려면 어느 정도의 용돈이 필요하다.

공부하고 책을 사 보는 것은 무엇으로 충당할까? 특히 병을 얻으면 누가 도와줄 것인가? 그렇다고 악착같이 재물에 집착하라는 말은 아니다.

땀 흘려 노력하는 삶에서 나오는 결과는 우리를 만족하게 하고, 기쁨을 준다.

필자는 무소유에 대해 조심스럽게 이야기하고자 한다.

아무것도 가지지 않는 삶은 훌륭하다. 그러나 그 마음속에 탐욕심이 끊이지 않는다면, 그것은 무소유의 삶이 아니다.

무소유는 땀 흘려 노력하는 삶과 가진 것에 만족하고, 그 결과로 얻는 복과 재물을 아낌없이 남에게 베풀고 보시할 수 있는 마음과 실천이 진정한 무소유일 것이다.

자 비

자비는 사랑하고 측은히 여기는 마음으로 세상을 이끌어 갈 따뜻하고 아름다운 요소이며, 모든 곳에 통하는 마음이기도 하다.

자비는 세상의 장애물과 내 안의 업장을 이길 수 있는 위대한 무기이다. 실로 자비에는 적이 없다. 인색함과 폭력을 누그러뜨리고, 원수를 부모처럼 여기고, 남을 위해 모든 것을 아끼지 않는 마음은 모든 지도자가 갖추어야 할 만고의 진리인 것이다.

보살의 본마음이 자비인데, 보살이 자비가 없으면 앙꼬 빠진 찐빵이요 향기 없는 조화처럼 메마른 사람이다.

큰 인물이 되려면 자비한 마음이 있어야 한다.

우리가 기도하고 수행하는 것은 자비심을 기르는 것이다. 아무리 높은 도를 얻었다고 해도 자비심이 없는 수행자라면 그는 올바로 깨달은 사람이 아니다.

신라시대의 대안대사는 절이 아닌 토굴에 머물면서 찾아오는 사람이나 짐승들을 거두며 살아가고 있었다. 한번은 원효대사가 찾아가 보니 너구리 새끼를 돌보고 있었다. 대안대사는 너구리 새끼들을 원효에게 맡겨 놓고 젖을 구하러 나갔다. 그런데 너구리 새끼 한 마리가 그만 굶주려 죽고 말았다. 원효가 그 새끼의 극락왕생을 위해 『아미타경』을 독송하는데 대안대사가 젖을 구해 와서는 남은 새끼에게 먹이면서 말하였다.

"너구리 새끼가 아미타경을 알아듣겠나?"

원효가 대사에게 여쭈었다. "그러면 너구리 새끼가 알아듣는 아미타경은 무엇입니까?" 대안대사는 새끼에게 젖을 먹이며 말하였다.

"이것이 너구리 새끼가 아는 아미타경이지."

이는 진정으로 중생을 위하는 조작하지 않는 마음에서 우러나오는 살아 있는 자비심인 것이다.

나에게는 버릇이 하나 있다. 때 묻지 않는 아이들이 너무 좋고 귀여워서 길을 지나가다가 아이들을 만나면 과

자며, 음료수며, 아이스크림도 사 주고 또는 학용품 사
쓰라고 용돈도 조금씩 주는데, 시골아이들은 의아해하면
서도 "고맙습니다." 하고 잘 받아 간다. 그런데, 아! 글쎄
서울아이들은 이상한 눈으로 쳐다보지 않는가? 한 번은
신도들한테 이런 말을 하니 요즘 잘못하다가는 유괴범으
로 오해받아 경찰서 신세를 면치 못한다는 것이다. 그래
서 요즘은 가능한 한 자제한다. 참으로 씁쓸한 일이다.

금 강 경

불교 집안에 영원한(?) 베스트셀러가 두 권이 있다. 하나는 『천수경』이고, 하나는 『금강경』이다. 천수경은 불교행사나 의식 때 종파를 초월해서 독송하고, 금강경은 요즘 각계각층에서 해설과 의견을 분분히 내세우고 있다. 그 종류가 무려 수천 종에 이른다고 하니 금강경의 인기는 대단하다.

600부 반야부 계통의 경전 가운데 『반야심경』과 함께 가장 많이 독송되는 경전이 바로 대승시교의 『금강경』이다. 이 경은 반야부 계통의 다른 경전처럼 분량이 방대하지도 않고 반야심경과 같이 간략하지도 않다. 금강경은 반야부 계통 경전의 핵심 사상이라고 할 수 있는 공사상을 설하고 있다.

대승불교의 보살은 성불의 수행에 있어서 수행이나 공덕에 집착하지 않는 것을 중요시하는데, 이 무집착으로 공사상이 발전했다.

『금강반야바라밀경』이란 다이아몬드처럼 견고하며 날카롭고 빛나는 지혜로 무명과 모든 번뇌를 끊어 없애서 완전한 평화와 행복에 이르는 가르침이라고 할 수 있다.

다이아몬드 세공을 무엇으로 하는가? 금강석인 다이아몬드로만 세공을 할 수 있다. 얼마나 강한지 다른 무엇으로도 세공이 안 된다.

자기 자신이 자신을 갈고 닦는 것이다. 우리의 지독한 무명번뇌도 내 안에 있는 금강과 같은 강한 지혜로 쳐부숴 버리는 것이다.

선종(禪宗)에서도 오조 홍인스님과 육조 혜능스님 이래로 필독서로 여겼다. 불경 가운데 세계적으로 가장 널리 알려진 경전이며, 선종인 조계종의 소의경전이기도 하다.

육조 혜능스님께서도 『금강경』의 "응무소주 이생기심(應無所住 而生其心) 마땅히 머무는 바 없이 그 마음을 낼지니라."로 깨달으셨고, 제자들을 가르칠 때도 항상

"마하반야바라밀"을 외우면 온갖 만법이 그 속에 포함되어 있다고 금강경 제목을 찬탄하였다.

필자도 출가해서 보리암에서 노스님의 권유로 금강경을 수지 독송하게 됐고, 불가사의한 영험을 체험했다. 기도의 마장을 금강경독송으로 헤쳐 나갔고, 지금까지도 독송하고 있다. 기도와 참선수행을 할 때는 하루에 금강경 한 편 이상을 독송하는 것을 권하고 싶다.

기도와 참선을 도와 그 수행이 배가되는 것이다.

송나라 순희 원년 양국부 승국에 사는 주홍은 어려서부터 매일 금강경 한 번씩을 읽었다. 어느 날 태수 막호에게 바칠 돈 천여 관을 가지고 가다가 날이 저물어 과주 욱삼의 집에 투숙하였다.

욱삼과 형 욱이는 주홍이 가지고 가는 재물이 탐이 나서 주홍을 죽여 5리 밖 길가에 묻었다. 태수는 그런 줄을 모르고 기한을 어겼다고 대노하였다. 양주부로 가던 중 과주 길가를 지나다가 무덤 비슷한 곳에 연꽃 한 줄기가 난 것을 보고는 고산준령에는 연꽃이 나지 않고 더러운 못 가운데만 연꽃이 난다 하였는데, 어인 일로 이 연은 무덤 위에 나 있는가 하고 꺾으려 하였으나 꺾이지 않으므로 그곳을 파 보니 주홍의 시체가 나왔다. 그런데 그의 눈동자는 죽은 것 같지 않고 혀에서는 연꽃이 솟아

나 있는데 잠시 후에 일어나 이렇게 말하였다.

'나는 객점에서 모해를 당해서 18개월 동안이나 땅속에 묻혀 있었습니다.'

'그러면 어찌해서 죽지 않았는가? 배가 고프지 않던가?'

'처음 피살당하여 혼몽하여 땅에 묻혀 있었는데 금강 신장이 연꽃을 입속에 꽂아 준 후부터 지금까지 잠을 잤습니다.'

태수는 일찍이 금강경에 대한 이야기는 들었으나 그의 공덕이 이렇게 불가사의할 줄은 몰랐다 찬탄하고, 욱이와 욱삼 두 형제를 잡아서 사형에 처했다.

전 법

용수보살은 「대지도론(大智度論)」에서 이와 같이 말씀하셨다.

가사정대경진겁(假使頂戴經塵劫)
신위상좌편삼천(身爲床座遍三千)
약부전법도중생(若不傳法度衆生)
필경무능보은자(畢竟無能報恩者)
가령 부처님을 머리에 이고 수없는 세월 지내며
몸이 평상이 되어 부처님을 앉혀 삼천세계를 두루 다녀도
만약 법을 전하여 중생을 제도하지 않으면
마침내 부처님의 은혜는 갚을 길 없네.

처음 출가해서는 오직 깨닫는다는 생각으로 기도하고,

참선하고, 경전을 보았다. 그리고 이 도량 저 도량에서 떠돌이 중같이 공부하다가 중앙승가대학교에서 포교의 중요함과 절실함을 느꼈다.

세계종교는 다양하다. 인류는 문명의 시작과 함께 신 또는 초월적인 절대자를 믿고 숭배하는 의식을 거행했다. 문명이 발달하면서 특정한 신·교리·의식과 의례·내세관 등을 갖춘 체계적인 종교가 등장했으며, 특히 불교·힌두교·크리스트교·이슬람교가 세계 4대종교로 발전했다.

불교는 신에 의지하지 않고, 내 안에서 자성을 찾는 최고급의 종교이다.

아놀드 토인비(1889~1975)는 20세기 가장 위대한 역사학자 중 한 명이다. 그가 20세기의 가장 중요한 사건을 꼽은 것이 '동양의 불교가 서양으로 건너와 기독교를 대체한 일이라고 하였다.'

또 과학자 앨버트 아인슈타인은 이렇게 말했다.

"미래의 종교는 우주적 종교가 돼야 한다.

그동안 종교는 자연세계를 부정해 왔다.

모두 절대자가 만든 것이라고만 했다.

그러나 앞으로의 종교는 자연세계와 영적인 세계를 똑

같이 존중한다는 생각에 기반을 둬야 한다. 자연세계와 영적인 부분의 통합이야말로 진정한 통합이기 때문이다. 나는 불교야말로 이런 내 생각과 부합한다고 본다.

만약 누군가 나에게 현대의 과학적 요구에 상응하는 종교를 뽑으라고 한다면 그것은 불교라고 말하고 싶다."

이런 위대한 종교를 우리는 세계에 널리 전할 의무가 있는 것이다. 특히 포교당을 운영하면서 불교에 대한 포교가 절실하다는 것을 느꼈다. 이 지역 불교는 한마디로 무속불교이다. 사주나 점을 쳐서 자신의 위안을 삼기에, 부처님의 말씀과 수행은 남의 일이다. 그렇기에 스님들도 무속계통의 대우를 받는다. 그렇기에 포교당을 운영하려면 그에 맞는 자질이 갖추어져야 한다.

전법자가 갖추어야 할 자질을 몇 가지 적어 본다.

첫째, 끊임없이 공부를 해서 자신을 계발해야 한다. 개인적으로 아는 것만으로는 안 된다. 다른 이에게 이야기하고 설법해서 전달할 수 있는 설득력과 커뮤니케이션이 돼야 한다. 그렇기 위해선 확실히 알고, 넓고 깊게 알아야 한다.

둘째, 수행이 뒷받침되어야 한다. 종교는 체험이 중요하다. 체험은 내면의 힘과 자신의 역량을 업그레이드시키고, 대중을 감화시킬 수 있다. 성공한 도심 포교당은 항상 수행 정진하여 게으르지 않다.

셋째, 자비심을 갖추는 것이다. 사람을 교화시키기 위해서는 무엇보다도 자비한 마음이 필요하다. 우리가 수행하는 것은 자비심을 가지기 위함이 아닌가? 이 세 가지를 갖추려면 끝까지 참아 내는 인내력이 필요하다.

포교는 종합불교인 것이다.

긍정적인 자가 성공한다

봄은 겨우내 얼었던 만물을 소생시키는 힘을 가지고 있다. 그래서 산과 들에는 아름다운 꽃과 싱그러운 새싹들이 피어나고 있다. 봄은 여자의 계절이라서 여자의 마음은 벌써 싱숭생숭해졌을 것이다. 무엇보다도 좋은 것은 새벽기도가 끝나고 동이 틀 무렵에 들려오는 새소리가 아닌가 한다.

기도를 마치고 들리는 새의 지저귐은 마치 공중에서 관음보살이 설법하는 소리와 같다.

"스승과 제자가 길을 가고 있었다. 길옆에서 광주리에

떡을 담아 팔고 있는 두 명의 떡 장수 아주머니가 ‘떡
좀 사세요.’ 하고 외쳤다. 이를 목격한 스승은 제자에게
왼쪽에 있는 아주머니의 떡을 사라고 하였다. ‘조금 사
지 말고 광주리째 전부 사 줘라.’ 광주리째 팔게 된 왼
쪽 떡장수는 졸지에 횡재를 만났다. 그러자 오른쪽에 있
던 아주머니는 자기 떡도 사 달라고 소리 높여 외쳤다.

제자는 평소에 자비심이 많은 스승이 오른쪽 아주머니
의 떡도 역시 사 줄 것이라고 짐작하였지만 예상과 달리
스승은 단호하게 거절하였다. ‘오른쪽 아주머니 것은 사
주지 마라.’ 한참 길을 걷다가 제자가 물었다. ‘왜 왼쪽
떡장수의 떡은 사 주고 오른쪽은 사 주지 않습니까?’

‘왼쪽 사람은 그동안의 고생이 끝나고 지금부터는 좋
은 운을 맞는 시기다. 고생 끝 행복 시작이다. 그래서 축
하의 의미에서 사 준 것이고, 반면에 오른쪽은 이제 고
생길이 막 시작하는 경우이다. 어차피 할 고생은 해야
한다. 그래서 지금 떡을 사 주는 것은 별로 의미가 없
다.’”

누구나 고난과 고통은 싫어한다. 그저 잘되기를 바랄
뿐. 그러나 그 고생의 기간이 지나야 행복의 시간이 찾
아오는 것이다. 젊어서 하는 고생은 사서 한다는 말도

있잖은가.

우리가 존경하는 인물들을 살펴보면 그들은 처음부터 모든 것을 주어진 상태에서 시작하지 않았으며, 열심히 일하고 목표를 위해 엄청난 고생을 했다. 그 고생들이 우리들을 단련시키고 된 인간으로 만들어 행복한 삶을 살기 위한 밑거름이고, 성공으로 가는 좋은 보약이다.

인격은 편안하고 아무 일 없는 고요한 시기에 성장하지 않는다. 오직 시련과 고난을 겪은 후에 내면이 강해지고 패기가 생기며 성공할 수 있는 것이다. 그래서 어려운 시기를 긍정적으로 잘 받아들여야 한다. 긍정적인 생각이 나를 변화시키고 주위와 세계를 변화시킬 것이다.

부처님은 대긍정적이신 분이시다. 긍정적인 자와 부정적인 자는 얼굴부터 틀린다. 부정적인 사람은 인상이 항상 찌푸려 있고 긍정적인 자는 항상 웃는 얼굴에서 빛이 난다. 그래서 긍정적인 사람이 성공하는 것이다. 마음은 품은 대로 현실로 나타나는 묘한 것이 있다.

채찍을 맞으며 한 걸음 걸어가고 또 걸어가자. 관세음보살을 생각하면서 걸어가고 또 걸어가서 뼈와 골수에 사무칠 때 인생의 행복이 내 안의 일임을 알 것이다.

관세음보살이란 다만 이름이 관세음보살일 뿐이다.

안에서 찾아라

우리 사람들은 하루하루를 열심히 분주하게 살아간다. 자신의 행복을 위해, 돈을 벌기 위해, 성공을 위해 여기저기 바쁘게 뛰어다닌다. 식당에서도 무조건 '빨리 돼요. 빨리 주세요.' 한다. 한국의 이 빨리 문화는 빠른 시일에 많은 것을 이루었지만 빠른 것만큼 그 과정에 소홀하다. 그래서 때때로 자신을 돌아볼 수 있는 마음을 가져야 한다.

어떤 이에게 불교는 내 안의 아름다운 모습의 부처님을 믿고 찾는 일이라고 말한 적이 있다. 그 사람이 나도 내 자신을 믿고 산다고 하는 것이다. 그러나 보통 사람들이 내 자신을 믿고 산다는 것은 자신의 육신과 생각을 믿는 정도이다.

육신은 때가 되면 허물어지고 생각은 끊임없이 사방팔방으로 뛰어다닌다. 어떻게 편안하게 자신을 믿을 수 있다는 것인가?

행복을 위해 부를 쌓아 놓고, 욕망을 위해 이것저것을 안 가리는 헐떡이는 마음, 성공을 하였지만 어느덧 나의 머리는 백발이 되어 있고, 몸은 늙어 버려진 오이가 되고 마는 것이다.

일생을 밖으로만 치달리리. 나날이 고통이요, 불안감만이 나를 감싸고, 행복은 눈 깜짝할 사이로구나!

"행복을 안에서 찾으세요. 안에서 찾으면 영원한 것이고, 밖에서 찾으면 일시적인 것입니다."

마음은 실로 광대무변하다. 어디가 시작이고, 끝인가를 헤아릴 수가 없다. 그것은 지혜가 있는 자만이 알 수 있는 것이다.

마음에는 겉마음과 속마음이 있다. 겉마음은 오식(五識)과 육식(六識)이고, 속마음은 칠식(七識)과 팔식(八識)이다.

오식은 眼識(눈)·耳識(귀)·鼻識(코)·舌識(혀)·身識(몸)을 말하고, 육식은 오식에다 의식(意識)이 더 있는 것이다. 육근(六根)의 작용으로 인하여 육식이 생기는 것이다.

눈으로는 색을 분별하고, 귀로는 소리를, 코로는 냄새를, 혀로는 맛을, 몸으로는 촉감을, 생각으로는 개념의 정의나 직감을 느낄 수 있는 것이다.

칠식은 육식과 팔식을 연결해 주는 중간단계로 말나식이라 한다.

중요한 것은 팔식이다. 팔식은 미묘하고 복잡하다. 아뢰야식(阿賴耶識)이라 하고, 감춰진 의식이라 하여 장식이라 하고, 없어지지 않는다고 해서 무멸식이라 하며, 많은 이름들을 가지고 있다.

육근(안·이·비·설·신·의)에 의해 익히고 훈습된 것이 칠식을 통해 마음속 깊은 곳에 저장되어 있다가 인연을 만남에 나타나 작용하는 것이다.

마음 안으로 들어와서 수행해야 한다. 그래야 불·보살님처럼 자신이 변화하는 것이다. 마음 밖에서 수행하면 오래 하더라도 잘 변화되지 않는다.

이 깊은 속마음에 나의 부처가 있고, 아름다운 모습의 보살이 있는 것이다. 이곳에 항상 귀의하고 예배해야 한다. 그 행복이 진짜 행복이며, 영원한 것이다. 부와 명예로 향하는 삶은 하루아침의 이슬과 같다.

진화 · 변화

꽃 피 니 열 매 맺 네

　인류와 현생 유인원이 갈라진 시점은 약 500만~700만 년 전으로 추정된다. 그 후 유인원과 분리된 인간은 지속적으로 인간다운 신체적 특징들을 진화시켰다. 다른 동물보다 유난히 큰 뇌를 가졌고, 두 발로 걷는다는 사실이 인간의 진화에 결정적 도움이 되었을 것이다.

　진화란 종(種)의 유전적 형질이 시간을 통해 변화하는 것이다. 안전한 생존을 위해 변화하는 것이다. 이 과정에서 인간은 다양한 문화를 만들어 삶의 의미를 만들어 나갔다.

　무엇보다도 언어를 통해 다른 인간과 의사소통하는 법

을 얻었다. 하나의 도구를 이용하여 다른 도구를 만들어 낼 수 있는 창조능력은 인간만이 가지고 있는 뛰어난 걸작이다.

나 자신을 자꾸자꾸 탈바꿈시켜 변화해야 한다. 진화해야 한다.

변화에 창조가 있고, 변화해야 발전이 있는 것이다. 변화하고, 창조되어야 이 시대에 남을 수 있고, 이 시대를 이끌어 갈 수 있는 것이다.

인류가 지금까지 살아남을 수 있는 것은 거듭거듭 진화하고 변화해서 발전해 온 것이다.

변화에 발맞추지 않는 것은 도태되고 사라져 버리는 것이다. 변화하기 위해선, 창조된 삶을 살려면 공부하고 수행해야 한다. 꾸준히 해 나가야 한다.

그래서 이 마음을 바다와 같이 끝없이 넓고, 깊게 만들어 가야 한다. 끝없이 넓고 깊은 마음에 무진장의 보배창고가 있는 것이다. 우리들은 그 보배창고 에서 보물을 마음껏 찾아 쓸 수 있는 것이다. 써도 써도 없어지지 않는 보배창고인 것이다.

수행 정진해서 나의 인생에 삶의 변화를 이끌어 내라. 그것이 승리자인 것이다.

불교공부는 마음 닦는다고, 도 닦는다고 해서 재미없

다고 생각하는데 그것이 그런 것이 아니다. 이 공부는 재미있고, 행복한 공부이다.

불도는 살아 있는 것이고, 활연자재(豁然自在)한 것이다.

불교도 시대에 맞춰서 변화해야 한다. 승가교육도 먼 안목의 차원에서 변화해야 한다. 이기적이고, 권위의식의 종교가 아닌 모두가 행복으로 가는 종교, 그 해결 방법이 보살사상과 관음염불에 있는 것이다.

그러기 위해선 고난과 고통을 감수해야 한다. 시대를 이끌어 갈 멋있는 날개를 가지려면, 처절한 고독과 등껍질이 찢어지는 아픔을 이겨 내야만 한다.

나는 중앙승가대학교 학생회장시절 나의 많은 것들을 헌신해야 했고, 마음이 찢어지는 고통을 감수해야만 했으며, 처절하게 자신과의 싸움을 하여야만 하였다.

그런 것은 오직 마음속 깊이 숨겨 둔 꿈을 위해서 고통을 감수했고, 모두와 함께 행복하게 살기 위한 서곡이기도 하였다.

인간은 이기적이고 자기중심적이다. 남을 배려하고 베푸는 것에 약하다. 그러나 고난과 고통을 겪으면 주위를 돌아보고 남을 위하는 마음과 자비행이 나온다.

지금 나는 많은 부분들이 미진하다. 그래서 수행과 인생의 전환점을 맞이해야 한다. 그동안 배우고 알았던 것들을 놓고 다시 한 번 힘차게 나아가야 한다. 내가 책을 쓰는 이유다. 그렇지만 용기가 필요했다.

글 쓰는 데 취미도 없고, 재주도 없는 사람이 책을 쓴다니 조금은 달라진 모양이다. 그리고 글을 쓰는 것은 나에게 많은 것을 가르쳐 주었다.

토 굴

스님들은 대부분 작은 소망을 하나씩 가지고 있다.

그것은 선방 해제 때 짐을 부릴 수 있는 작은 토굴을 가지고 싶어 한다. 그리고 일생일대의 목숨을 건 용맹정진을 하기 위한 토굴을 갖고 싶어 한다.

토굴은 말 그대로 땅을 판 굴을 말하지만, 참선수행을 하기 위한 한 평 남짓한 소박한 흙벽 집을 말한다. 그러나 요사이 토굴이 늘면서 별장으로 사용하기 위해 호화스러운 건물을 짓고, 그 건물에 토굴 이름을 붙이는 것은 삼가야 한다.

십여 년 전 나는 목숨을 건 용맹정진을 하기 위해서

토굴자리를 눈여겨보았다. 그러던 중 강 옆에 있는 멋진 곳이 눈에 띄었다.

그곳은 산 아닌 산이다. 강 옆에는 원시시대에나 볼 수 있는 까만 돌병풍이 드리워져 있고, 물소리와 새소리가 일 년 내내 끊이지 않아서 그야말로 수행하기 좋은 안성맞춤의 장소였다.

하루 종일 있어도 사람들의 모습은 보이지 않았고, 주위의 바위는 부처님의 모습들을 빼닮았다. 제법 많은 비가 오면 한 줄기 힘찬 폭포수도 떨어지는 곳이었다.

그 땅에는 보리가 심어져 있었는데 그곳의 주인인 거사님은 보리수확을 하고 나서 토굴을 지어도 좋다고 허락을 하셨다. 밤에 잠을 청하려면 머릿속에 토굴생각이 떠나지 않았다. 이렇게 할까? 저렇게 할까? 신심이 저절로 나왔다.

마침내 보리수확을 하고 토굴을 짓기 위한 기초 작업에 들어갔다. 삽으로 땅을 파고 주위에 있는 돌을 날라서 메우고, 거사님이 보시를 하여 중고 건축자재를 사왔고, 이사 간 집에서 주워 놓았던 문짝과 창문을 갖다 놓고 거사님의 도움으로 토굴을 짓기 시작하였다.

시멘트 나르고, 벽돌 지고, 구들장을 놓고 몸은 지쳐 갔지만 마음만은 즐거웠다. 그런 힘이 어디서 나왔는지……

마침내 사방이 유리 문짝으로 된 토굴, 아니 유리움막
이 완성된 것이다.

꽃피니 열매 맺네

제4장
관음염불선

우주의 근본

부처님은 인간의 자각을 선언하신 최초의 인간이시다. 그 당시 인도에서는 종교의 르네상스가 일어났다.

싯다르타 태자는 새벽에 성을 넘어 출가해서 당시 유명한 두 명의 요가 수행자에게 가르침을 받고 머지않아 스승과 동등한 경지에 이른다.

그러나 자신이 원하던 생로병사의 길을 벗어나는 길이 아니기에 스승의 곁을 떠나 홀로 수행에 들어간다. 그는 처음에는 고행주의자였다. 그 당시에는 고행이 유행하였다. 숨을 참는 고행, 단식 고행 등 최상의 고행을 해 나갔다. 그러나 고행은 육체를 괴롭힐 뿐 진정한 깨달음의 길이 아니라는 것을 깨닫는다. 고행을 풀고 선정과 고행의 양극단으로부터 벗어난 중도의 길을 택한다.

네란자라 강에 들어가 몸을 씻고 수자타라는 소녀로부터 우유죽 공양을 받고 보리수 아래에 풀을 깔고 굳은 다짐을 한다.

"내 여기서 위없는 깨달음을 얻지 못한다면 차라리 이 몸이 부서지는 한이 있더라도 결코 자리에서 일어나지 않으리라."

이윽고 선정에 들자 마왕 파순은 자신의 국토가 무너지자 싯다르타를 훼방 놓기 시작했다. 먼저 자신의 세 딸을 보내 싯다르타를 유혹했으나 그는 꿈쩍하지 않았고 이어서 마왕은 자신이 거느린 악귀들을 동원해서 창칼과 불화살, 태풍, 폭우, 암석을 던지며 수행을 방해하였다. 그러나 그것들은 모두 꽃으로 변하여 흩날려 버렸다.

파순은 직접 나타나 그곳을 떠나라고 요구를 하였다. 싯다르타는 나는 전생에 착한 일을 하였다. 그러므로 이 자리에 앉을 자격이 있다고 하였다. 그러자 파순이 물었다. 그대가 전생에 지은 착한 일을 누가 증명하겠는가? 그대의 편을 들어줄 사람은 아무도 없다.

싯다르타는 당황하지 않고 조용히 오른 손가락으로 땅을 가리키며 이 대지가 내가 지난 생에 선업을 쌓아 온 것을 증명하리라. 그러자 대지가 크게 진동하였고, 파순은 놀라 사라졌다. 마왕의 싸움에서 승리한 싯다르타는 고요히 삼매에 들어 생사윤회의 원인이 무명에 있는 것을 깨닫고, 그것을 벗어나는 방법인 사성제(四聖諦)와 팔정도(八正道)를 차례로 깨달았다. 그 순간 새벽별이 반짝이는 것을 보고 싯다르타에게 더할 수 없는 세계가 펼쳐졌다. 이로써 싯다르타는 부처님이 되신 것이다.

고행이 깨달음으로 가는 직접적인 계기는 아니지만 고행이 밑거름이 되고 양극단에 치우치지 않은 중도로써 깨달음을 얻은 것이다. 부처님의 진정한 깨달음은 샛별을 보고 찾아왔다. 깨달음의 인연은 빛과 소리인 것이다. 서산대사는 닭소리를 듣고 깨닫고, 영운스님은 복사꽃을 보고 깨닫고, 부처님은 빛을 보고 깨달은 것이다.

빛과 소리에 계합될 때 깨달음은 찾아오는 것이다. 그것은 우주의 근본이 빛과 소리이기 때문이다. 그러면 우리들의 정체는 무엇일까?

부처님은 인류에게 또 하나의 태양의 빛을 선사한 것이다.

우주의 주요 구성요소는 은하·별·성단·성운이다. 우주의 참된 소리는 옴이고, 이것을 둘로 나누면 빛과 소리인 것이다. 함축하면 마음이다. 마음에는 빛과 소리와 지혜가 융합되어 있는 것이다. 그래서 일체유심조(一切唯心造)라 하지 않던가?

그것을 불성이라 하고, 성품이라 하며, 또는 영생불멸(永生不滅)의 자리이고, 진공묘유인 것이다.

참된 빛과 고차원적인 소리는 우리들의 눈과 귀로는 들을 수 없다.

빛은 무념(無念)이고, 소리는 무주(無住)이며, 지혜는 무상(無相)이다.

염불의 종류

염불이란 부처를 생각하고 기억하는 것을 말한다.

단지 입으로만 부처님 명호를 부르고, 외우면 공염불에 지나지 않고, 마음과 생각에 부처의 명호를 각인시키는 것이 참된 염불인 것이다.

염불에도 여러 방법과 종류가 있는데, 흔히 4종 염불 방법을 많이 쓴다. 칭명염불(稱名念佛)·관상염불(觀像念佛)·관상염불(觀想念佛)·실상염불(實相念佛) 등 네 가지이다.

칭명염불은 부처님의 명호를 생각하고 기억해서 번뇌 망상을 여의고, 깨달음으로 이르는 간단하고도 쉽고 확실한 방법이다. 근기에 따라서는 엄청나게 빠른 것이 이 염불법이다.

관상염불(觀像念佛)은 부처님의 원만상호인 32상 80종호를 관하는 염불법이다.

관상염불(觀想念佛)은 부처님의 자비공덕과 지혜공덕을 상상하는 염불법이다. 이 염불법은 반주삼매를 성취할 수 있다. 반주란 '가까이 선다'는 뜻이다. 이 삼매를 얻으면 시방제불이 실제로 그의 앞에 나타난다. 이는 아미타불을 관상하는 것으로 보고 있다.

실상염불은 유나 무를 떠난 부처님의 법신 중도실상, 진여불성의 자리를 생각하는 염불법이다.

이 중 어느 것이 좋고 나쁘고, 높고 낮은 염불수행이라 하면 법집에 매이게 되는 것이다. 내가 하는 수행만이 옳고 다른 이의 수행은 하찮다고 하는 것은 중생에게 색안경을 끼어 주는 것이다.

수행이 깊고 익어지면 칭명과 관상 그리고 실상이 하나가 되는 것이고 염불선과 간화선 그리고 묵조선이 한 자리인 자성을 지나지 않는 것이다.

공부가 깊지 않는 수행자가 시비논쟁을 하는 것이다.

그러나 여러 가지 염불법도 자신의 근기와 인연에 따라 수행법을 찾아야 한다.

칭명염불은 부처님 당시부터 행해졌던 정통수행법이다. 달마대사도 「달마선사관문」과 「달마관심론」에서 칭명염불을 밝혔고, 서산대사의 「선가귀감」에서도 "염불은 입으로만 하면 송(誦)이요 마음으로 할 때는 염이니, 다만 송은 있고 염을 잃어버리면 도에는 이익이 없다고 하였다."

칭명염불은 기본적이면서 모든 염불을 포섭한 방법이다.

중요한 것은 입에서 벗어난 생각과 마음에서 부처님의 명호를 칭명하고 각인시켜 입과 생각과 마음 그리고 몸이 하나가 될 때 참된 칭명염불법이 되는 것이다.

우리나라의 염불수행은 삼국시대부터 수행되다가 신라시대에 와서 대안대사와 원효대사에 의해 민중들에게 칭명염불법을 널리 펼쳤다.

먼저 기도부터 하라

불교 집안에 처음 들어와서는 그전에 가졌던 나쁜 습관이나 나쁜 행동을 바꾸어야 한다. 그리고 꾸준히 자신의 업장을 녹이는 기도를 해서 환골탈태를 하여야 한다.

경전공부를 하거나 참선공부를 하다 보면 공부에 진취가 없고, 때로는 방황을 한다. 그것은 대부분 자신의 업장이 두텁기 때문이다. 또는 무슨 공부를 할까, 무슨 수행을 할까, 고민하는 분들도 많은데 그것은 자신의 입지(立志)가 뚜렷하지 않기 때문이다. 이러한 것들을 해결할 방법이 기도에 있다.

실로 경전을 봐도 도무지 무슨 말씀인지 모르겠고, 참

선을 해도 앉는 것 자체도 힘들뿐더러 화두나 염불은 먼 나라의 일이다.

옛날 참선을 해서 득도하시고, 경학에 뛰어난 견해를 가지신 스님들은 대개 먼저 기도로써 힘을 얻고 참선과 경전을 공부하셨던 분들이 많으시다.

기도는 맑고 시원한 물을 마시는 것과 같다. 불보살님이 주는 묘한 약을 받아먹고 훤칠한 대장부로 다시 태어나는 것이다.

기도를 하게 되면 몸과 마음에 많은 변화가 생기는데 몇 가지 적어 보려고 한다.

첫째, 기도를 하면 행복해진다. 마음에 응어리진 것들과 때들이 풀어지고 녹아서 인생이 나날이 행복해진다.

둘째, 인생을 항상 젊게 살고, 건강해진다. 우리 몸을 구성하는 요소인 사대가 염불과 절을 하기에 활기차게 순환하여 몸과 마음이 생기발랄하고 아름다워진다.

셋째, 큰 원력을 세우게 된다. 큰 원력은 인생에 자신감이 생기고, 대승을 생각하는 주관이 뚜렷할 때 불·보살님과 같은 대원을 세워서 하나하나 실천해 나가며, 자기 인생의 주인공이 된다.

처음 불교에 입문하신 불자님은 먼저 대중기도를 권하고 싶다. 혼자 토굴에서 기도하다가 마장을 겪어서 망가지는 수행자를 많이 보았다. 대중이 공부를 시켜 준다고 하지 않는가? 대중 안에서 나의 업장이 이리 깎이고 저리 깎여서 둥글둥글한 성품이 되는 것이다.

법당에서 기도할 때는 목탁소리에 맞춰서 큰 소리로 활기차게 염불하면 힘을 빨리 얻을 수가 있다. 이 목탁소리는 한 마리의 날개가 달린 금마(金馬)이다. 대중을 이끌고 부처님의 나라, 기도 성취를 향해 때로는 천천히 가면서 부드럽게 때로는 빠르면서 경쾌하게 우주의 여행을 떠나는 것이다.

제2의 심장을 가져야 한다. 영혼이 살아 숨 쉬는 심장, 그것이 내 안의 관음과 목탁소리를 연결시켜 준다.

그리고 기도를 잘 지도해 줄 스승이 필요하다. 진정으로 나를 이끌어 주시는 스승을 만나는 것은 참으로 행복한 일이다. 많은 분들이 참된 스승을 만나지 못해 불법의 망망대해에서 어디로 갈지 모르고 방황하는 이들이 많다. 그러나 자신이 믿고 의지할 스승이 없다면, 대중 안에서 찾아보라. 남을 배려할 줄 아는 마음으로 열심히 정진하면 당신을 바라보고 있는 눈이 대중 안에 있음을 명심하라.

그리고 기도나 관음염불로 힘을 얻었으면 무소의 뿔처럼 한 가지 길로 계속 가라고 권하고 싶다. 수행방법을 바꾸면 다시 새롭게 시작하여야 하기 때문이다. 그리고 얻은 힘을 잘 지키고 보호해 나가는 것이 중요하다.

『유교경』에 "마음이란 한곳으로 지으면 이루지 못하는 것이 없다고 했다."

관음염불

'나는 지금 감기에 좋다는 생강을 끓이고 있다. 책상에 앉아 책을 읽으며, 책 속으로 빠져들어 가서 주인공과 내가 하나가 된다. 문득 내가 덕혜인가?

생강물이 넘쳐흘렀다. 얼른 가스레인지 불을 줄였다. 지금 이 순간이 가장 행복하다.

모든 것이 분명하고, 선명해졌다. 도는 먼 곳에 있는 것이 아니라 생활 속에 있는 것이구나!'

염불이란 부처님을 생각하는 것을 말한다. 부처님의 명호를 생각하든지, 부처님의 거룩한 모습을 생각하든지, 부처님의 마음과 다름이 없는 우주법계를 생각하든지 이것은 다 같은 염불이다.

염불은 불보살님을 자꾸 생각하고, 기억하니 그분들의 원력과 모습에 점점 닮아 가는 것에 매력이 있다. 관세음보살 염불을 하면 몸과 마음이 청정해지고, 관세음보살님처럼 크고 청정한 원을 일으키며, 지혜와 자비가 갖추어지는 것이다.

불교에는 많은 불보살들이 계신다. 석가모니불·아미타불·관세음보살·지장보살·문수보살·보현보살 등 많은 불보살님들이 계신다. 이 불보살님들이 세운 서원과 특징이 다르기 때문에 염불수행을 선택하신 분들은 또 한 분의 명호를 선택해야 된다.

관세음보살염불을 하는 분께 아미타불염불이 더 낫다고 하고, 지장보살염불을 하는 분께 관세음보살염불로 바꾸라고 하면 곤란하다. 아미타염불을 하든 관세음보살염불을 하든 지장보살염불을 하든 하나만 가지고 열심히 해서, 생각, 생각이 서로 이어져 나가야 염불공부가 바르게 숙달된 것이다.

불교는 깨달음의 종교이다. 작게 깨치든지, 크게 깨치든지 일단 깨달아 놓고 봐야 생사를 벗어나는 길이 열리는 것이다. 깨닫는 것은 내 안의 부처님과 같은 절묘하고, 아름다운 모습을 보는 것이다. 그것을 견불 또는 견성이라 한다. 관세음보살을 부르나 아미타불을 부르나 아무튼 일념을 만들어서 오래오래 한 생각이 지속되면 내 안의 부처를 보는 것이다. 그래야 불법을 만나고, 사람으로 태어난 보람을 느끼지 않겠는가?

석가모니불과 아미타불은 도를 이루겠다는 정진의 염불, 지장보살은 지옥이 텅 빌 때까지 성불하지 않겠다는 대원의 염불, 관세음보살은 대자비의 인격과 지혜를 구족하는 염불이다. 그리고 관음염불을 함으로써 극락왕생까지 보장받는 것이다. 불공(不空)삼장은 천수경의 비밀에서 관세음보살을 서방정토에서는 무량수불이라 부른다고 하지 않던가?

관음염불은 어머니 같은 따뜻한 마음으로 감싸 주기에 누구든지 잘 맞고, 하기 쉽고, 공부 성취가 빠르며, 안전하고, 확실한 공부이다. 처절하고, 애절하게, 한 자 한 자 또렷하게 마음과 입으로 불러야 한다.

그래야 관세음보살님과 내가 어디든지 같이하며, 깨달음을 얻고서는 내 자신이 관세음보살이 되는 것이다.

『관음경』에 보면 관세음보살을 일심 칭명하면, 관세음보살은 즉시에 그 음성을 관하고 해탈케 한다고 하였다.

우리가 일념(一念)이나 일심(一心)을 말하지만 쉽게 이루어지는 것은 아니다. 염불수행은 일념을 만드는 것이 핵심이다. 그래야만 삼매에 들을 수 있기 때문이다.

그래서 관세음보살 칭명기도를 병행해서 마음이 순일하게 하여 한 생각이 오래 지속되어서 시간과 공간을 잊어먹는 차원에 가야 이루어질 수 있는 것이다.

그러니까 모든 것을 이룰 수 있는 힘이 일심이요 일념인 것이다.

고난과 괴로움에 처한 어떠한 중생이든 불자이든 불자가 아니든 일심으로 관세음보살을 부르라 그러면 고난과 괴로움을 즉시에 해결할 수 있는 것이고 깨달음도 얻는 것이다.

또 관음염불을 오래 하면 염력이 생기고, 자연히 염불선이 되는 것이다.

한 번 관음염불을 시작했으면 관음염불로 계속 밀고 나가라. 이것 했다 저것 했다 해서 소중한 인생을 무의미하게 보내지 마라. 하나만 잡고, 밀고, 끌고, 당기고, 놀면서 나가는 것이다.

『증일아함경』에는

"마땅히 한 법을 수행하고, 마땅히 한 법을 널리 펴라. 한 법을 수행하면 문득 명예가 있게 되고, 큰 과보를 이루며, 모든 선(善)이 널리 퍼지게 되고, 감로의 맛을 얻어 무위처에 이르며, 문득 신통을 이루어 모든 어지러운 생각을 제거하여 열반에 이른다. 어떤 것을 한 법이라 하는가? 이른바 염불이라고 하셨다.”

관세음보살을 불러라. 관세음보살을 부르다 보면, 산란한 마음은 가라앉아 사라지고, 마음이 한없이 맑고 밝아지는 것이다. 관세음보살을 정법명왕여래(正法明王如來)하지 않는가? 관음염불이 정법인 것이다.

관음염불은 관세음보살의 마음을 바로 받는 이심전심(以心傳心)의 정통 수행법이다.

무엇보다도 중요한 것은 일념을 만드는 것이다. 그 요령은 긴 세월과 간절한 마음뿐이다.

소리를 관(觀)하고 봐야 한다

보리암에 살 때였다. 사중 제사를 지내는데, 한 줄기 바람이 일더니 그 바람에 의해 법당 밖의 대나무가 아름답게 춤을 추듯 흔들렸다. 바람과 대나무와 염불소리가 한데 어울려 살아 있는 법문을 하는 것이다.

절 집안의 어른 스님 말씀이 요즘 젊은 스님들의 염불이 메가리가 없고, 목탁도 잘 치는 스님도 없단다. 옛날에는 엄불 잘하고, 목탁 잘 치는 스님이 많았는데……. 한마디로 신심 있게 안 하고 염불소리를 듣고 있으면 신심이 안 난다는 것이다.

관음기도를 열심히 하다 보면 변성이 찾아오는데, 목

소리가 힘이 있고 카랑카랑해지는 것이다. 때로는 자신의 염불소리가 공간을 울리는 것을 본다.

보리암에서 기도를 열심히 했다. 아랫배에다 힘을 주고 고성염불로 했다. 그랬더니 목소리도 안 나오고 숨쉬기 힘들 정도로 많이 힘들었다.

나는 염불을 잘하는 스님이 아니었다. 그래서 염불 잘하는 스님을 보면 기분이 좋아졌다. 기도한 지 이백 일쯤 지나니까 목이 트여서 염불소리가 바꿔져서 나오는 것이다. 그때는 정말 환희심이 생겼다. 그와 맞춰서 관음조도 나타났고, 내 몸 안에서 염불소리가 울리면서 여러 현상이 나타났다.

관음조는 나의 변성을 알려 줬고, 내 몸이 공하다는 것을 일러 주었다.

열심히 관세음보살을 부르면 우리들의 구멍 뚫려 있는 곳, 눈·귀·코·입 등이 모두 한곳으로 통하고, 말하는 것이 혓바닥에 달려 있지 않음을 알 것이다. 관세음보살이란 세간과 출세간의 소리를 듣고 관하는 것인데, 우선 자신의 염불소리를 듣고 관할 수 있어야 세상의 고난과 고통의 소리, 즐겁고 행복한 소리도 들을 수 있는 것이다. 이것이 관음의 이치다.

당송팔대가의 한 사람인 소동파는 천하에 자기를 능가

할 지식과 총명과 지혜를 갖춘 사람은 없다고 스스로 자부심과 긍지를 갖고 있었다.

다만 부족한 게 있다면 불교에 대한 이해였다. 그래서 유명한 스님들을 찾아다니며 공부를 했는데, 어느 날 상총스님이란 분을 만나 이야기를 나누던 중 스님께서 이렇게 말씀하셨다.

"당신은 유정설법(有情說法)은 잘 아는데 무정설법(無情說法)은 전혀 아는 게 없다."

소동파는 무정설법이란 말에 그만 말이 막히고 말았다. 그 후로 그 무정설법이 화두가 되어 버렸다. 어느 날 일념으로 화두에 몰입하여 걸어가고 있는데 옷이 젖는 것을 느꼈다. 고개를 들어 보니 폭포 밑을 지나가고 있었다. 그 폭포소리를 듣고 무릎을 치며 무정설법의 이치를 깨달았다.

이에 오도송을 읊었다.

계성변시광장설(溪聲便是廣長舌)
산색기비청정신(山色豈非淸淨身)
야래팔만사천게(夜來八萬四千偈)
타일여하거사인(他日如何擧似人)

시냇물 소리가 문득 부처님의 끊임없는 힘찬 설법이요.
산색이 어찌 청정법신이 아니겠는가?

밤이 되니 팔만 사천의 게송이로구나.
뒷날 어떻게 다른 이에게 일러 준단 말인가.

소리는 신비하고 미묘하다. 진언의 '옴'은 우주근원의 소리이고, 모든 소리의 바탕이다. 요즘은 소리로써 병을 치유한다.

'훔'이라는 소리를 정상세포와 암세포에 각각 들려주었더니 정상세포는 매우 건강해지고, 암세포는 파괴되어 죽어 버렸다는 것이다.

소리의 파장으로써 상대방을 제압하고, 소리는 우리를 편안하게 하고, 아프게 하기도 한다. 소리는 새로운 구조를 만들거나 존재하는 것들을 파괴할 수 있는 무서운 속성을 가지고 있다.

관세음보살을 열심히 끊임없이 부르면 자신과 다른 이의 소리를 관할 수 있고, 활력이 넘쳐나서 정신적 치유와 육체적인 병이 관음염불로 해결되는 것이다.

나아가서는 우주의 근원과 비밀을 알 수 있다.

염불 그리고 화두

공부가 깊은 수행자에게는 염불이고, 화두이고, 묵조(默照)의 수행이 따로 없다. 염불이 화두가 되는 것이고, 화두가 염불이 되는 것이며, 묵조는 저절로 찾아오는 것이다.

공부가 설익으신 분들이 자신만의 수행이 최고라 고집한다. 이것은 법집에 갇히는 것이다.

나는 출가해서 관음염불을 계속해 왔다. 어느 순간 화두의 의정심이 저절로 찾아왔지만 계속 관음염불로 나가고 있다. 그렇다. 염불과 화두는 한집안, 한 뿌리인 것이다.

염불이 곧 참선이며, 참선이 염불이다. 참선은 염불이

아니면 왕생하지 못하고 염불은 참선이 아니면 관혜를 얻지 못한다.

달마스님이 중국에 전한 선은 순선(純禪)이었다.

"마음을 관하는 한 법이 모든 수행을 거두어들이니 가장 간단하고 중요한 법이다." 또 말하였다.

"마음은 만법의 근원이니 일체의 모든 법이 마음에서 생기나니, 마음을 알면 만 가지 수행이 다 갖추어진다." 라고 하였다.

달마스님을 시작해서 이조 혜가스님, 삼조 승찬스님, 사조 도신스님, 이 도신스님 때까지는 능가경과 순선수행을 병행해서 공부를 했다. 그러고 오조 홍인스님 때부터서 금강경이 들어와서 공부한 것이다. 순선은 교를 무시한 선이 아니라 선교일치를 말한다.

그 법이 육조 혜능스님으로 이어져 오다가 중국 송나라 때 이후에는 오가칠종이라는 선종의 족보가 생긴 것이다.

이른바 임제종·조동종·운문종·법안종 그리고 위앙종 그래서 선종이 다섯 종파로 분립이 되고, 그리고 임제종 가운데서도 양기파와 황룡파의 두 계파가 갈라져 나와서 오가칠종으로 분열되었다. 그리하여 서로 자신들의 정통성을 주장하고, 서로 자기들만 옳다는 주장을 많이 내세웠던 것이다.

중국의 초조 달마스님 때부터 육조 혜능스님 때까지는 분열이 안 된 그런 선을 했기 때문에 순수한 선이라고 한 것이다.

그 후 세월이 흘러 송나라 대혜종고(1088~1163)스님이 묵조선을 비판하고 화두를 볼 것을 주장한 것이다.

반면 염불은 부처님 재세 시로 올라간다.

『장아함경』에 보면 염불(念佛)·염법(念法)·염승(念僧)·염계(念戒)·염시(念施)·염천(念天)등 육수법(六修法)을 강조하고 있고, 염불을 포함한 이 여섯 가지 염의 수행공덕으로 얻은 공덕은 염불하여 얻은 공덕과 같다고 한다.

부처님 당시의 염불은 입으로 부르면서 귀의하는 귀의 의식의 염불이었다.

염불이 지금처럼 중요한 수행법의 하나로 자리 잡게 된 것은 『정토삼부경』을 바탕으로 하는 정토왕생의 신앙과 관련이 깊다.

정토신앙은 부처님의 본원에 의지하여 정토에 왕생하고자 하는 신앙으로, 정토왕생의 방법으로 칭명염불이 권장되기 때문이다.

정토신앙은 기원 후 1~2세기에 걸쳐 대승불교 운동

과 함께 출가교단은 물론 재가불자들 사이에서 일어났던 것이다. 마명보살의 「대승기신론」, 용수보살의 「십주비바사론」과 「지도론」 그리고 세친보살의 「정토론」 등에서는 정토신앙을 밝히기도 하였다.

염불은 부처님의 무량 공덕과 근본서원을 확신하는 마음에서 마음으로 전하는 이심전심의 수행법인 것이다.

명나라의 고승인 운서주굉·감산덕청·자백진가·우익지욱의 스님들이 염불 자체를 화두로 삼았으며, 우리나라에는 신라시대부터 염불이 대중 속에 뿌리내렸다. 원효·자장·의상스님 등 신라의 대표적인 스님들에 의해 『정토삼부경』에 대한 번역과 각종 주석서가 나온 것이 이때이다.

고려시대에도 대각·보조·태고·나옹스님들에 의해 선종을 위시하여 화엄·법상·천태·밀교 등의 각 종파에서 폭넓게 받아들여졌다.

조선시대에 함허·서산·사명대사 등이 선과 염불을 융합한 선정일치(禪淨一致)의 염불을 주장했다.

이런 훌륭한 역사와 전통을 가진 염불이 무지한 사람들이 하근기만의 수행이라고 격하시키고, 외도라 하며, 화두수행이 정법이고, 염불은 타력의 수행이라고 하고 있으니 안타까운 일이다.

중근기와 대근기의 염불은 나의 힘과 부처님의 원력에 의지하기 때문에 순풍에 돛을 단 배처럼 빠르고 확실한 공부법이 염불수행이다.

문수보살과 보현보살 그리고 대세지보살도 염불수행을 하였거늘…….

실제로 염불수행은 자력과 타력의 힘을 모두 갖추었다. 자력은 온 마음을 다하여 염불하는 마음이고, 타력은 관세음보살의 바다같이 넓은 구제의 원력에 의한 것이다.

염불은 여러 근기를 두루 거두어들이기에 지혜로운 이나 어리석은 이나 모두 닦을 수 있으며, 남·여·노·소·천하고·귀함을 구별 없이 절에서나 집에서 장소에 구애 없이 항상 염불할 수 있다.

평생 동안 관세음보살을 마음속에 굳게 지니면, 관세음보살과 성중들의 호념을 받고, 관세음보살의 광명과 자신의 광명이 이 세상을 비추게 될 것이다.

맑고 밝은 심성이 관세음보살이고, 청정하고 아름다운 빛의 주인이 관세음보살이기 때문이다.

생각, 생각이 서로 이어져 나가야 염불공부가 바르게 숙달된 것이다. 생각, 생각이 한 덩어리를 이루고, 잠자는 가운데서도 염불이 이루어지면 공부에 힘을 얻은 것이다.

칭명염불을 하는 분이 한 사람이라도 더 나오시고, 관음염불을 하는 분들의 수가 구름처럼 끝이 없고, 또 이 세상에 염불 수행하시는 분들이 많고 많을 때, 한국 불교는 다시 한 번 우뚝 설 것이고, 자비의 보살정신이 실현될 것이다.

이 시대는 고차원적인 지견보다는 자비의 실천을 바라고 요구하고 있다. 그것의 해결점이 관음염불에 있는 것이다. 왜 관음염불인가? 일단 해 보라. 해 본 자만이 안다.

꽃
피
니

열
매

맺
네

염불삼매 · 일행삼매

삼매(三昧)란 마음이 하나의 대상에 완전히 몰입해서 마음이 편안하고 안정된 상태를 말한다. 마음이 염불에 완전히 몰입되어 있는 것을 염불삼매라 하고, 마음이 법계에 완전히 몰입되어 있는 것을 일행삼매라 한다. 이 중 염불삼매를 모든 삼매 중의 최고인 삼매의 왕이라 한다.

염불삼매를 삼매의 왕이라고 하는 것은 경계가 매우 깊어서 끝까지 궁구하기 어렵기 때문이다. 석가모니 부처님께서 전하신 수승하고 광대한 염불법문은 시방세계의 모든 무리들을 통합해서 섭수하기에 한계가 없는 것이다.

화엄으로 시작하여 법화에 이르기까지 이 염불삼매를 찬양하였으며, 문수·보현 등의 대보살들도 염불삼매를 닦아 증득하였다. 그러기에 염불법문은 원교(圓敎)이고 돈교(頓敎)인 것이다.

『문수반야경』에 나온 일행삼매는 우주법계 그 자체를 일행삼매로 보고 있고, 그 구체적 방법은 염불로써 일행삼매를 얻어 한량없는 공덕을 성취하는 것을 말하고 있다.

천태는 일행삼매를 다시 「마하지관」에서 사종삼매(四種三昧) - 상좌삼매(常坐三昧): 항상 앉아서 하는 삼매, 상행삼매(常行三昧): 항상 다니면서 하는 삼매, 반행반좌삼매(半行半坐三昧): 반은 앉고 반은 다니면서 하는 삼매, 비행비좌삼매(非行非坐三昧): 앉음도 아니고 다님도 아닌 삼매로서 자세히 펼쳤다.

일행삼매의 실천자로 유명한 스님은 사조 도신스님이다. 그전의 선종은 일정한 거처가 없이 율원 등의 사찰에서 함께 기거하다가 도신스님 때에 비로소 도량을 이루고 살았으며, 많은 대중이 함께 수행 정진했다.

도신스님은 황매현 쌍봉산에 주석하며 30여 년간 중생 교화에 직접 나섰다. 황매산은 사공산, 천주산과 더불어 '선의 황금 삼각지'로 불리는 곳이다. 서로 백여 리 간격을 두고 있는 이 지역에서 이조 혜가스님·삼조 승찬스님·사조 도신스님·오조 홍인스님이 100여 년간 선을 중흥시켰기 때문이다.

도신스님은 서산 사조스님으로 불린다. 스님이 주석했던 곳이 황매산 서쪽에 있기 때문이다. 오조 홍인스님은 황매산 동쪽에 주석했다 하여 동산스님으로 불린다.

삼조까지 개별적으로 전하던 법은 도신스님에 이르러 수행자뿐 아니라 일반 대중에게까지 널리 퍼지게 된다.

『능가사자기』의 「도신장」에서는 도신스님이 일행삼매를 의지해 수행하고, 일행삼매로 대중을 교화했음을 알 수 있다. 그의 저서 「입도안심요방편법문」에는 이렇게 말한다.

"인연이 있고 근기가 익은 자를 위해 말하리라. 나의 이 법요는 모든 부처님의 심지법문 중에 제일인 『능가경』에 의지한다. 또 『문수설반야경』의 일행삼매에 의지하니, 부처님을 생각하는 마음이 부처요, 망념이 범부인 것이다."

일행삼매가 모든 삼매의 근본이 되는 것을 설한 것이 『대승기신론』이다. 『대승기신론』에서는 일행삼매를 진여삼매(眞如三昧)로 설하고, 염불수행을 말하고 있다.

"부처님의 법신과 중생의 몸이 평등해서 둘이 아니니 이를 일행삼매라 한다. 진여가 삼매의 근본이니, 만약 사람이 닦아 행하면 점점 한량없는 삼매를 낼 수 있다.”

염불삼매를 얻는 방법은 『능엄경』의 25원통 중 대세지보살이 밝힌 원통이 자세하고 친절하다.

“초일월광부처님이 저에게 염불삼매를 가르치셨는데, 마치 어떤 사람은 한결같이 억념(憶念)하기를 오로지하고, 다른 사람은 잊어버리기를 오로지한다면 이와 같은 두 사람은 만약 만났더라도 만난 것이 아니며, 혹은 보았더라도 본 것이 아닐 것이다. 두 사람이 서로 억념하고 두 억념이 깊어지면, 이와 같이 내지 이생으로부터 저 생에 이르기까지 형체와 그림자가 같아서 서로 어긋나지 아니한 것처럼, 시방의 여래가 중생을 가엾게 여기듯이 어머니가 아들을 생각하는 것과 같은 것이니, 만약 아들이 도망하여 가 버린다면 비록 생각한들 무슨 이로움이 있는가?

아들이 만약 어머니를 생각하는 것이 어머니가 아들을 생각할 때와 같다면, 어머니와 아들이 여러 생을 지나도록 서로 어그러져 멀어지지 아니할 것이다.

만약 중생의 마음에 부처님을 억념하고, 생각하면 현재나 오는 세상에 반드시 부처님을 볼 것이며, 부처님과 머지않아서 방편을 쓰지 않더라도 저절로 마음이 열리는 것이 향내를 물들이는 사람의 몸에 향기가 배는 것과 같으니 이것을 '향광장엄'이라 한다."고 하였다.

『문수설반야경』에서는 일행삼매의 방법을 보이고 있다.

"선남자 선녀인 이 일행삼매에 들고자 하면, 비고 한적한 곳에서 모든 어지러운 생각을 버리고 모습을 취하지 않고 마음을 한 부처님에게 매어 오로지 명호를 칭명해야 한다. 부처님이 계신 방향을 따라 몸을 바르게 하고 바로 앉아서 한 부처님에 대해 생각, 생각이 서로 이어지면 곧 이 생각 안에서 과거·미래·현재의 모든 부처님을 보게 된다.

왜냐하면, 한 부처님을 생각한 공덕은 무량무변하며, 역시 무량한 모든 부처님의 공덕과 둘이 아니어서 불가사의하며, 불법이 평등하여 분별이 없고, 모두 일여(一如)를 타고 바른 깨달음을 이루어 모두가 무량의 공덕과 무량의 변재를 얻기 때문이다."

염불삼매는 부처님을 한결같이 억념하고 생각해서 마음에 명호를 각인시켜 그 생각 중에서 부처님을 보는 것이다.

또한 일행삼매는 비록 좌선의 형태를 보였지만, 한 부처님을 오로지하여 생각, 생각이 서로 이어져 그 생각 안에서 부처님을 보게 된다고 하였다.

이상으로 볼 때 염불삼매가 일행삼매이고, 일행삼매가

진여삼매이고, 진여삼매가 염불삼매이고, 염불선이 최상
승선(最上乘禪)이요 여래청정선(如來淸淨禪)이다. 이는
염불삼매·일행삼매·진여삼매가 모두 반야바라밀이라는
것이다.

관음염불선

먼저 염불선의 소의경전이 없다고 한다. 하나의 수행이 불교답고, 모든 중생을 교화하려면 그 수행이 경전에 의거한 수행이어야 한다. 거기에 맞는 경전이 필자는 『문수설반야경』이 적합하다고 본다. 모든 반야경이 그렇듯이 진공묘유의 반야바라밀을 설했고, 육조 혜능스님도 이 반야바라밀의 중요성을 항상 말씀하시지 않았던가?

『문수설반야경』에서는 아뇩다라삼먁삼보리를 얻는 방법으로 먼저 반야바라밀을 배우고 칭명염불로서 일행삼매를 닦으면, 빨리 아뇩다라삼먁삼보리를 얻는다고 하였다.

필자도 관음염불선 수행에 진취가 없을 때 『문수설반

야경』의 "마음을 한 부처님에게 매어 오로지 명호를 칭명해야 한다. 한 부처님에 대해 생각, 생각이 서로 이어지면 곧 이 생각 안에서 과거·미래·현재의 모든 부처님을 보게 된다."는 대목에서 환희심과 수행의 확실한 경전의 근거를 보았던 것이다.

선이란 자기 자신을 바로 알고 바로 보는 것이다. 무명의 어리석음을 단번에 밝혀 영생불멸(永生不滅)의 자신을 문득 회복하여 주체적인 인생을 사는 것이다. 그렇기 때문에 선은 옛날이나 오늘에도 꺼지지 않은 활연 자재한 자신을 바르게 비추어 보는 길이다.

선에는 원래 여래선이니, 조사선, 묵조선이 없는 것인데, 후대사람들이 만들어 놓고, 이것이 옳다, 저것이 옳다 하는 분별선(分別禪)이 되어 버린 것이다.

모두가 마음 바다에서 나온 하나의 방편이거늘, 시시비비로서는 참다운 선이 될 수 없는 것이다.

불법의 해석도 회통적이어야 한다. 법(法)도 비법(非法)도 모두가 불법이어서 불법 아닌 것이 아무것도 없는 것이기에 마음의 바다에 융합시켜 그 방법은 달라도 한 맛을 내야 한다. 그렇기에 부처님께서 주로 말씀하신 여래선이나 달마스님 이후 발전한 조사선이 둘이 아닌 것이다.

조사선은 인도에서 중국으로 건너온 조사인 초조 달마 스님이 바로 전한 선이라는 의미다. 말의 자취와 생각의 길이 함께 끊어져서 이치나 일에 걸림이 없는 것을 뜻한 다. 그래서 조사선은 불립문자(不立文字)·교외별전(敎外別傳)·직지인심(直指人心)·견성성불(見性成佛)을 주장하는 즉 사람 마음을 바로 가리켜 본래의 성품을 보고 성불하는 격외의 도리, 조사가 제자에게 법을 전하는 사자상승(師資相承)의 선을 말한다.

달마스님의 유명한 법문에서는 조사의 순선이 어떤 것 인가를 말하고 있다.

"외식제연 외심무천 심여장벽 가이입도(外息諸緣 內心無喘 心如障壁 可以入道)

밖으로 모든 인연을 쉬고 안으로는 마음에 헐떡거림이 없어서 마음이 장벽과 같으면 가히 도에 들어간다."

여래선은 말과 생각이 함께 끊긴 조사선과 달리 말의 자취가 있고 이치의 길이 남아 있는 것이라고 정의하여 자성의 공적을 보아 무념이 되면 곧 일념이고 일념이 곧 일제지이며, 반야바라밀이니 이것이 곧 여래선이다.

곧 부처의 경지에 머물면서 중생을 교화하여 신통의 불가사의한 일을 성취하는 것을 의미한다.

중국 화엄종 오조인 규봉 종밀스님은 그의 저서 「선원

도서」에서 여래선에 대하여 말하였다.

"만약 자성을 문득 깨달으면 자기의 마음이 본래 청정하며, 원래 번뇌가 없고, 무루의 지혜 성품이 본래 구족되어 있으니 이 마음이 부처이고, 마침내 부처와 다름이 없다고 하였다."

후대에는 여래선보다 조사선이 위라고 생각하는 것이 실례이지만 이것은 잘못된 견해이다. 육조스님의 제자인 하택신회가 육조의 법을 받아 자기가 정통 칠조라고 주장하기 위해서 조사선의 선두자인 혜능스님은 높이고, 여래선의 선두주자인 신수스님을 폄하시켰던 것이다.

근래에 와서 『능가사자기』 등 여러 가지의 문헌이 나와서 신수스님도 위대한 분이라는 것이 밝혀졌다.

필자도 여래선과 조사선은 같은 위치에 서 있다고 말하고 싶다. 그러나 여래선은 자비 쪽이 강하고, 조사선은 지혜 쪽이 강하다. 여래선은 중생을 위한 선이고, 조사선은 고차원적인 지견(智見)의 선이다.

이 두 가지 선의 장단점 해결방법이, 즉 여래선과 조사선의 통합수행이 관음염불선에 있는 것이다. 항상 관세음보살을 생각함으로써 여래선이 되고 조사선이 된다는 것이 선 게송에 나와 있다.

게송은 이렇다.
상념관세음 (常念觀世音)
항상 관세음보살을 생각하라
차시여래선 (此是如來禪)
이것이 여래선이며
역위조사선 (亦爲祖師禪)
또한 조사선이로다.

그러면 염불과 염불선을 어떻게 정의할 것인가? 요즘 염불선 수행이 각광을 받고 있다. 아직까지 체계가 잡히지 않아 염불선에 대해서 이렇다 저렇다 말이 많은 것은 사실이다.

염불과 염불선은 공부가 깊어지면 다 같은 뜻이지만 굳이 정의를 내리자면 이렇다.

첫째는 내 자신이 부처와 조금도 다름이 없다는 것을 믿고, 내 안에서 불성을 보고 성품을 찾는 수행, 즉 자신이 부처가 될 수 있다는 대신심이 갖추어진 염불이 염불선이다.

둘째는 자신의 안위만이 아니라, 일체중생을 제도하고, 세상에 불국토를 건설하는 데에 앞장서겠다는 대원력, 청정한 서원의 보살마음으로 염불하는 것이 염불선이다.

셋째는 화두는 강한 의정심(疑情心)에 의해 일념이 되지만 염불은 간절한 마음이 있어야 일념이 만들어진다. 이 방법은 필자가 직접 사유하고, 체험한 것인데, 의정심과 간절한 마음으로 하는 염불은 서로가 통한다. 그래서 간절한 염불은 자신에게 참화두가 생기게 되는데, 이때에도 계속 염불로 밀고 가야 한다.

넷째는 염불이라는 것은 마음속에서 칭명이 돼야 참염불인 것인데, 다만 입으로만 불·보살을 외우는 것은 송불(誦佛)이고, 진정한 의미의 염불선은 아니다.

관음염불선은 관세음보살을 칭명해서, 마음 안에서 관세음보살을 생각하고, 각인시키는 것이다. 관세음보살에 대한 생각, 생각이 끊어지지 않게 염해서 일념을 만들어야 한다.

생각, 생각이 서로 이어져 나가서 일념이 오래오래 지속되면 관세음보살이 항상 생각과 마음속에서 떠나지 않고 있을 것이고, 꿈속에서도 염불이 나오고, 삶에서도 흔들리지 않으면, 내 안의 관음이 발현되는 것이 이때이다. 자신이 관음이요, 관음이 자신이 되어 보살의 마음으로 세상을 바라보고, 보살행을 하는 것이다.

여기서 중요한 것은 관세음보살이 서로서로 이어져 나가야 하는데[念念相續], 대부분의 염불선 수행자가 넘지 못하는 지점이다.

처음에는 대개 관음염불이 마음속에서 나오기가 힘들다. 설사 나온다 하더라도 몇 염을 넘기지 못한다. 처음 관음염불선을 시작하는 수행자는 사찰에서 행하는 칭명 기도에 동참해서 입과 마음으로 힘차고, 간절하고, 처절하게 고성으로 관세음보살을 불러야 한다. 그래야 몸과 마음에서 부드럽고 순수한 관세음보살이 나온다.

그래서 하루, 이틀, 한 달, 두 달, 일 년, 이 년, 그리고 몇 년의 세월이 흘러 지나면 관세음보살이 서로서로 이어져 한 덩어리가 되는 것이다.

행주좌와 어묵동정에 관세음보살을 느리게 하지 말고, 너무 빠르게도 하지도 말며, 간절하게만 만들어 칭명하고, 자주 회광반조(廻光返照)를 해야 한다.

이렇게 만들어 놓으면, 좌선과 입선 그리고 와선과 행선이 자유롭게 되는데, 이때가 좋은 시절이다. 이때에는 당신의 업장이 녹는 과정에서 오는 마장과 선정의 힘에서 오는 장애가 있으니, 장애에 대해서 알아 둘 필요가 있다.

오늘날 참선은 좌선에서부터 시작한다. 좌선방식은 선원이나 처음 참선에 입문한 수행자가 배워야 할 기본과정이다. 이 기본과정을 쉽게 생각하면, 기초 작업 없이 고층건물을 올리는 것과 같아서 참선에 재미를 잃게 된다. 그래서 처음 선을 배우는 분들은 알아 둘 필요가 있는 것이다.

간략하게 좌선의(坐禪儀)에 대해 말하겠다.

몸은 가부좌나 반가부좌도 무방하다. 먼저 좌복을 깔고 자리에 앉아, 다리의 양 무릎이 좌복에 닿아 몸을 정삼각형으로 만든다. 몸에는 힘을 풀고, 허리뼈를 곧게 세우고 입은 조용히 다물어 혀를 입천장에 살며시 갔다 된다.

눈은 2미터 전방에 두고, 눈을 감거나 크게 뜨지 말고, 그저 평상시의 눈으로 눈에 힘을 빼고 한곳을 응시하여야 한다. 숨을 쉬는 것은 수식관을 말하나, 굳이 그 방법을 쓸 필요 없이 오로지 관세음보살에 메여 무의식으로 호흡을 하여야 한다.

관세음보살에 대한 생각이 간절해 서로서로 이어져 나가 한 덩어리를 만들어, 그 한 덩어리가 오래오래 지속되도록 일념을 만들어야 한다. 그래서 그 일념을 만년(萬年)이 되게 하여 자신과 세상의 일을 잊어버리고 살며 관음염불이 재미있거나 재미없을 때에도, 힘을 얻거나 얻지 못했을지라도 한결같이 하여야 한다.

시절인연이 도래해서 관세음보살의 인도함을 만나거나, 한 생각이 딱 하고 끊어지고, 뚝 하고 터지면 큰 깨달음을 얻나니 아름답고 미묘한 관음법신과 자신의 성품이 다르지 않음을 보게 되는 것이다.

그리하여 세상 속에 바로 나오지 말고, 조용한 곳이나

시끄러운 곳에서 고통과 즐거움을 겪으며, 깨달음을 증득하고, 생사에서 벗어나 자신의 성스러운 몸과 마음을 기르다가 인연을 만남에 세상에 나와서 일체 모든 만물을 교화해서 이익 되고, 복되도록 하여라.

송나라 영명연수선사 사료간(四料簡) 중에는 이런 말씀이 있다.

참선도 있고 염불공덕도 있으면
마치 뿔 달린 호랑이와 같아
현세에는 인간의 스승이 되고
장래에는 부처나 조사가 될 것이다.

불법이 나를 멀리하는 것이 아니라, 내가 불법을 멀리하는 것이요.

내가 불법을 속이는 것이지, 불법이 나를 속이는 것이 아니다.

이 수행이 옳다. 저 수행은 옳지 않다. 저것은 나쁘다. 이것은 좋다 하고 시시비비하면서 시간만 보내다가는 다른 사람이 먼저 불국토에 도달해서 열반의 즐거움을 만끽하는 것이다.

항상 관세음보살을 몸과 마음으로 칭명하라. 그러면

당신의 인생은 몰라보게 달라질 것이다.

관은 빛이니 무념이고, 세음은 소리이니 무주이며, 보살은 지혜이니 무상이다.

꽃
피
니

열
매

맺
네

꽃피니 열매맺네

지은이 | 석 암
펴낸이 | 채종준
기 획 | 문진현
편 집 | 김매화
마케팅 | 김봉환

초판인쇄 | 2010년 5월 7일
초판발행 | 2010년 5월 7일

펴낸곳 | 한국학술정보㈜
주 소 | 경기도 파주시 교하읍 문발리 파주출판문화정보산업단지 513-5
전 화 | 031) 908-3181(대표)
팩 스 | 031) 908-3189
홈페이지 | http://www.kstudy.com
E-mail | 출판사업부 publish@kstudy.com
등 록 | 제일산-115호(2000. 6. 19)

ISBN 978-89-268-1007-1 03040 (Paper Book)
　　　 978-89-268-1008-8 08040 (e-Book)

이담 는 한국학술정보(주)의 지식실용서 브랜드입니다.